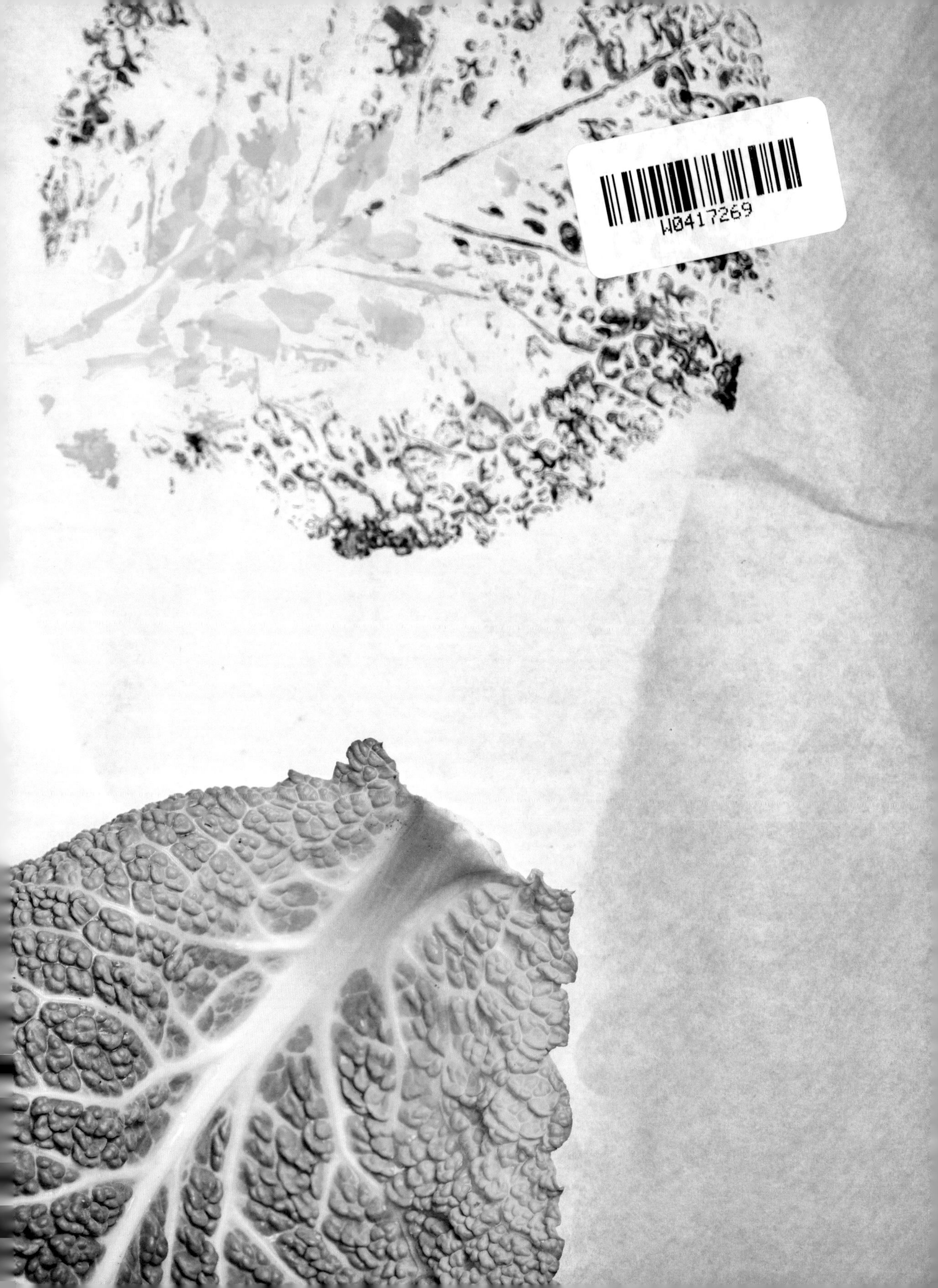

MARGOT VAN ASSCHE

ONLY 2

GEMÜSEKÜCHE MIT 2 ZUTATEN

SCHNELL & GESUND

FOTOGRAFIEN VON
Gunda Dittrich

Brandstätter

2

INHALT

SCHNELL WAS GUTES & GESUNDES!

Nur zu gut erinnere ich mich an die Zeit, als in unserer Patchworkfamilie vier Kinder zu bekochen waren, ich meine naturheilkundliche Praxis und zwei Kursorganisationen aufbaute und »nebenher« einen Haushalt bewältigen musste. Wenn ich am Abend aus der Praxis kam, war die klassische Frage: Was koche ich jetzt zum Abendessen? Allzu oft lautete die Antwort: Spaghetti.

Nur – eigentlich wollte ich doch etwas Gesundes auf den Tisch bringen! Lang durfte es nicht dauern und kompliziert sollte es auch nicht sein. Liebend gerne hätte ich ein handliches Buch mit noch handlicheren Rezepten zur Verfügung gehabt. Damals war es ein Wunschtraum, heute, 25 Jahre später, wurde es zur Realität und Sie halten dieses Buch in der Hand.

Einfach zwei Zutaten einkaufen und los geht's! Ausgangspunkt ist immer ein Gemüse. Dazu habe ich anderes Gemüse, Obst, Kräuter oder Gewürze etc. kombiniert, bis Konsistenz und Aromen einander perfekt ergänzen. So steht im Handumdrehen ein Teller voll Aroma und Gesundheit auf dem Tisch. Ein gutes Brot dazu und fertig ist ein Wohlfühlessen, allein auf dem Sofa, zu zweit bei einem gemütlichen Glas Wein oder für die ganze Familie.

Ich wünsche Ihnen viel Freude beim Kochen und Genießen!

Margot Van Assche

GEMÜSE & PARTNER

Viele Rezepte kombinieren zwei Gemüse oder Gemüse und Obst. Für die Kombinationen mit anderen Zutaten finden Sie auf S. 173 ein eigenes Register.

GEMÜSE IM DUETT

Zwei Zutaten sind genug!

Oft besteht der Kick darin, Gemüse in verschiedenen »Aggregatzuständen« zu kombinieren – geröstet, püriert, knusprig etc. Besonders gerne verwende ich ein Gemüse roh und gekocht im selben Gericht. Dadurch entstehen nicht nur interessante Texturen, sondern es werden auch Inhaltsstoffe genützt, die für den Körper nur im rohen oder nur im gegarten Zustand verfügbar sind.

Sehr gern verarbeite ich auch mehrere Teile eines Gemüses im selben Rezept, z.B. Karotten und Karottengrün oder Radieschen und Radieschenblätter. Neben kulinarischem Mehrwert bringt das auch gesundheitlichen.

Die Extras

Zu jedem Rezept gibt es Erweiterungsmöglichkeiten, z.B.:

- EXTRA PROTEIN – Ideen für Fleisch- und Fischliebhaber
- EXTRA ELEGANT – für Gäste und Feste
- EXTRA CARBS – mehr Kohlenhydrate
- EXTRA CHILDY – für Kinder
- EXTRA CRUNCH – Nüsse, Samen oder anderes Knuspriges
- EXTRA HERBS – passende Kräuter

Die Only-two-Vorratskammer

Als Basis, sozusagen außer Konkurrenz, gelten die Zutaten für

- salzig: Salz, Sojasauce
- scharf: schwarzer Pfeffer aus der Mühle, Chiliflocken
- süß: Zucker, Ahornsirup, Honig
- sauer: Condimento balsamico bianco/rosso, Bio-Zitrone, Bio-Limette
- Fett: Olivenöl, Butter, Kürbiskernöl, Kokosöl
- Stärke: Maisstärke, Mehl
- Sonstiges: Weinsteinbackpulver, Natron

Wie andere Lebensmittel auch kaufe ich diese Basics am liebsten in Bio-Qualität. Ganz entscheidend ist es bei den Zitrusfrüchten (s. S. 15). Mehr Informationen zur Qualität dieser Basiszutaten finden Sie auf S. 14ff.

Gesundheitstipps

Durch meine Arbeit als naturheilkundliche Ärztin habe ich viel über das Thema Ernährung gelernt. Vor allem fand ich es immer wieder umwerfend, wie ausgeklügelt und schlau die Dinge in der Natur organisiert sind. Studien über Qualitäten und Inhaltsstoffe von Pflanzen sprießen heute nur so aus dem Boden und belegen und erklären, was Ärzte früherer Zeiten aus Erfahrung wussten. Die wichtigsten Informationen zur Wirkung einiger Gemüse habe ich am Ende jedes Kapitels zusammengestellt: Wie kann man durch das tägliche Essen die Gesundheit erhalten, unterstützen und auch zurückgewinnen.

Von der Natur lernen

Die Natur ist in ihrer Intelligenz einfach perfekt. Nahrung ist unser »Treibstoff« und wird uns von der Natur zur Verfügung gestellt (nicht von der Industrie). Dafür ist der Körper konstruiert, als Teil dieses natürlichen Gefüges, und das ist es, was wir »tanken« sollten.

Im Gegensatz zur heutigen Nahrungsmittelindustrie hat die Natur aber nicht jede Menge Pestizide und andere Chemie für uns vorgesehen. Dementsprechend hat unser Körper jede Menge Probleme, diese Toxine wieder loszuwerden, unschädlich zu machen oder irgendwo zu lagern, was auf Dauer zu immer weiter zunehmender Beeinträchtigung der Gesundheit führt.

Daher finden Sie in meinen Büchern mein klares Bekenntnis zu möglichst unbehandelten, unverarbeiteten Nahrungsmitteln und die Aufforderung, zu Bio-Zutaten zu greifen. Auch wenn sie etwas teurer sind. Überlegen Sie doch einfach nur, wieviel Sie sparen, weil Sie weniger Fertigprodukte und Nahrungsergänzungsmittel kaufen. Ganz abgesehen davon, dass sich für die Gesunderhaltung unseres Körpers der Einsatz auf jeden Fall lohnt.

Der Trick mit der Farbe

Farbe essen ist ein sehr simples Konzept, das hilft, den Überblick im Ernährungsdschungel zu behalten. Die Farben der Gemüse bestehen aus sogenannten sekundären Pflanzenstoffen, von denen viele zur Gruppe der Antioxidantien gehören. Sie schützen Pflanzen vor Strahlung, vor Infektionen und anderen schädlichen Einflüssen. Wir können ihre Wirkung nutzen, indem wir diese Stoffe mit den Gemüsen zu uns nehmen.

Antioxidantien sind bekannt dafür, Freie Radikale unschädlich machen zu können. Diese aggressiven Sauerstoffverbindungen haben im Körper wichtige Funktionen, werden jedoch zur Gefahr, wenn sie vermehrt auftreten oder zu wenig »Abfangjäger« vorhanden sind. Das passiert häufig, wenn der Körper Belastungen, z.B. durch chemische Stoffe in der Umwelt, in Pflegeprodukten, im Essen oder durch Strahlung, ausgesetzt ist, die zur Bildung von Freien Radikalen führen. Gleichzeitig enthält die heute übliche Ernährung viel zu wenig pflanzliche Schutzstoffe. Das Resultat sind Zellschäden, die sich in Erkrankungen wie Krebs, chronischen Entzündungen oder Herz-Kreislauf-Problemen ausdrücken können.

Reif geerntete Gemüse enthalten diese Stoffe in maximaler Konzentration. Freilandpflanzen, die mit Trockenheit, Hitze, Kälte,

Strahlung und Schädlingen zu kämpfen haben, produzieren als Selbstschutz um ein Vielfaches mehr dieser Substanzen als ihre Kollegen in Glashäusern und Folientunneln. Den höchsten Gehalt findet man in Wildpflanzen.

Jede Farbe hat unterschiedliche Wirkungen und ist in ihrer Art wertvoll und einzigartig für Körper und Seele. Und natürlich isst auch das Auge mit! Daher ist es wichtig, keine Farbe auszuschließen oder zu vergessen. Lutein, Lycopene, Carotenoide, Anthocyanidine – von Rot über Orange, Gelb, Grün bis Blau und Violett steht der ganze Regenbogen bereit.

Überlegen Sie immer wieder einmal, welche Farben Sie in den letzten Tagen gegessen haben und welche nicht. Daraus und aus dem, worauf Sie gerade Appetit haben, ergibt sich das Gemüse, das Sie einkaufen – so einfach kann gesundes Essen sein.

Wie komme ich durch den Ernährungsdschungel?

Unzählige, einander oft widersprechende Ernährungskonzepte machen uns das Leben schwer. Kalorienzählen, Vollwertkost, Atkins, LowCarb, NoCarb, Paleo und wie sie alle heißen. Ich halte es lieber einfach und denke, dass aus ernährungswissenschaftlicher Perspektive niemand ernsthaft meinem simplen Programm widersprechen würde: vorwiegend Gemüse. Dazu beste Fette, wenig und ganz bewusst Fleisch und Fisch, Eier, immer wieder kleine Portionen von verschiedenen Getreiden, Nüssen, Samen, Hülsenfrüchten und Fermentiertem. Das alles in bester Qualität.

Unverträglichkeiten

Es gibt sie. Und sie nehmen ständig zu. Auch wenn diese Tatsache in Teilen der Schulmedizin und der Gastronomie als Fake News gehandelt wird, leiden doch unzählige Menschen, vor allem in den hochentwickelten Industrieländern, unter Symptomen, die in den meisten Fällen gar nicht in die Kategorie der Unverträglichkeiten eingereiht werden und somit unerkannt bleiben.

DIE GUTE NACHRICHT

In diesem Buch müssen Sie nicht mühsam auf die Suche nach Allergieauslösern gehen. Durch die überschaubaren Zutatenlisten sind Sie in Sekunden im Bilde, und für empfindliche Menschen sinkt mit wenigen Zutaten auch die Wahrscheinlichkeit, auf etwas zu reagieren. Überhaupt sind Gemüse immer die Gewinner, wenn es um schonendes, leichtes und verträgliches Essen geht.

WORAUF SIE ACHTEN SOLLTEN

Die beiden häufigsten Nahrungsmittelgruppen, die zu Beschwerden führen können, sind Milchprodukte und Getreide. Beides ist in diesem Buch nicht allzu oft vertreten. Als Milchprodukt findet sich immer wieder Butter (s. auch S. 16), die durch Butterschmalz oder vegane Butter auf Nussbasis ersetzt werden kann. Das Ergebnis ist allerdings nicht das Gleiche, vor allem dann, wenn das Rezept gebräunte Butter vorsieht.

Sehr selten wird Maisstärke gebraucht, die von den meisten Menschen vertragen wird. In Ausnahmefällen kommt Mehl ins Spiel. Menschen mit Glutensensitivität ersetzen es am besten durch eine glutenfreie Mehlmischung.

Auf S. 19 finden Sie zusätzlich einige Hinweise zum Thema Brot.

Nüsse finden Sie häufig in den Rezepten und als Extra, denn sie sind eine der wertvollsten Fettquellen. Sollte eine der angegebenen Sorten für Sie unverträglich sein, können Sie diese meist problemlos gegen eine andere, verträgliche Art tauschen.

Ein Wort zu Bio

Es gibt genügend Studien, die beweisen, dass der Nährstoffgehalt von Biogemüsen jenem aus konventioneller Landwirtschaft weit überlegen ist. Wann immer es möglich ist, vermeiden Sie Industrieprodukte und kaufen Sie bei den Erzeugern direkt. Sie tun nicht nur sich selbst und den Bauern etwas Gutes, sondern auch der Zukunft unseres Planeten.

Bauernmärkte sind immer häufiger zu finden, die Preise dort sind fair und die Produkte wirklich frisch mit maximalem Nährstoffgehalt. Eine Runde über den Markt bringt nicht nur Ideen, sie erfreut auch die Sinne und macht Lust auf die bunten Gemüse- und Obstsorten. Kurzum: Genuss pur!

... UND WAS IST MIT FLEISCH?

Gemüse sind die Hauptdarsteller dieses Buches, in »Nebenrollen« finden sich unter dem Stichwort »extra Protein« aber auch Fleisch, Geflügel, Fisch und Eier. Deshalb ist mir wichtig, auch zu diesen Lebensmitteln etwas zu sagen.

Aus meiner Sicht ist unser Fleischkonsum völlig aus dem Ruder gelaufen. Wie kommen wir dazu, zu denken, wir müssten jeden Tag, vielleicht sogar mehrmals, Fleisch essen? Stattdessen sollten wir überlegen, was die Natur uns anbietet (und nicht Industrie und Werbung) und wozu wir ursprünglich angelegt waren. Als Abkömmlinge der großen Menschenaffen waren wir zunächst Pflanzenfresser. Später wurden wir neben den Sammlern auch zu Jägern und bekamen ab und zu ein Stück Fleisch oder Fisch zwischen die Zähne – ein komplett anderes Szenario, als wir es heute kennen.

Was auf unseren Tellern landet, ist Fleisch von Tieren, die mit Getreide und Medikamenten vollgestopft werden. Ihr Fleisch enthält keine wertvollen Inhaltsstoffe, sondern zahllose Giftstoffe und ungesunde Fette. Ähnliches gilt für Geflügel, Fisch aus konventioneller Zucht und Eier. Ich verwende Fleisch, Fisch und Eier sehr bewusst und selten. Minimaler Qualitätsanspruch ist Bio. Am liebsten kaufe ich von Betrieben, die ich persönlich kenne und bei denen ich weiß, dass die Tiere Gras und Heu fressen, ihr Leben vorwiegend im Freien verbringen und möglichst schonend und stressfrei geschlachtet werden. Das Fettsäureprofil sieht bei Tieren, die ihrer natürlichen Lebensweise entsprechend im Freiland gehalten werden, vollkommen anders aus als bei jenen aus Massentierhaltung. Das Fett grasgefütterter Tiere beinhaltet beachtliche Mengen an wichtigen Omega-3-Fettsäuren!

... UND MIT FISCH?

Wer heute Fisch kauft oder im Restaurant bestellt, tut sich höchstwahrscheinlich nichts Gutes. Es sei denn, der Fisch stammt aus einer Biozucht. Fisch aus konventioneller Zucht ist ein trauriges Kapitel. Die Tiere dort stehen dicht an dicht, werden routinemäßig mit Antibiotika und Hormonen besprüht und mit zweifelhaftem Futter ernährt. Sie enthalten kaum wertvolle Fettsäuren, dafür aber jede Menge toxische Stoffe, Medikamente und Hormone.

Die Omega-3-Fettsäuren, die Fischen zugeschrieben werden, gibt es auch in Pflanzen und Gemüsen, in besonders hoher Konzentration in Wildpflanzen wie Löwenzahn, Brennnessel, Spitzwegerich, Vogelmiere etc. und unter bestimmten Voraussetzungen auch in Fleisch (s. o.).

Meine Schlussfolgerung: Ich verwende ab und zu weniger bedrohte wertvolle Meeresfische wie Sardinen, Sardellen und Makrelen. Ansonsten Forellen, Saiblinge und andere Fische aus einem guten biologischen Fischzuchtbetrieb in der Nähe.

… UND MIT FETT?

Nicht Fett macht fett, sondern Zucker! Gesunde Fette sind lebensnotwendig und werden unter anderem zum Aufbau von Zellen, Membranen, Nervengewebe, Hormonen und Vitaminen gebraucht. Deshalb finden Sie in meinen Rezepten die besten Quellen für wertvolles Fett in nicht zu sparsamen Mengen: bestes Olivenöl, Butter und Nüsse.

Und ein Wort zu saisonal

Sobald Sie bei Bauern einkaufen, ist saisonal kein Thema mehr, weil automatisch alles Saison hat, was es auf dem Marktstand gibt. Aber fragen Sie immer auch, was aus Freilandanbau kommt. Auch Biobauern haben Folientunnel. Wenn Sie im Supermarkt einkaufen, bekommen Sie dort rund ums Jahr einige Gemüse- und Obstsorten in Bioqualität, wissen aber meistens nicht viel über deren Herkunft und Anbaubedingungen. Erdbeeren im April können wohl biologisch angebaut sein, sind deswegen aber noch lange nicht saisonal, enthalten viel weniger Nährstoffe als reif geerntete saisonale Beeren und sind ausgesprochene Energiefresser.

Ein Tipp: Nehmen Sie möglichst oft beim Einkaufen Bio-Sprossen mit, um sie frisch über Salate und Gemüse zu streuen. Sprossen besitzen besonders viele wertvolle Enzyme und ein hohes regeneratives Potential.

Vielleicht wollen Sie auch noch wissen …

… WIE ICH ZUR KOCHBUCHAUTORIN WURDE?

Nachdem die Kinder ausgezogen waren, beschloss ich, meine alten Lieben, die Kunst und das Kochen, aufleben zu lassen. Daraus entstanden eine riesige Kochbuchsammlung, ein Dinnerclub mit Atelier und Galerie und eine große Begeisterung für das Erfinden neuer Rezepte.

Der Dinnerclub ging nach einigen Jahren wieder, die Liebe zum Erfinden, Kochen und Schreiben blieb und ein erstes Kochbuch war in Arbeit. Dieser Band über unübliche Lieblingszutaten mit dem Titel »Rose, Schwein und Feigenblatt« erschien 2016, und ich war rundherum glücklich. Es war eine wunderbare Arbeit, die ich von Anfang bis Ende geliebt und genossen hatte. Hier war ich wirklich angekommen im Ausdenken, Gestalten, Kochen, Schmecken, Herumfeilen, Schreiben, Anrichten, Arrangieren.

So war es naheliegend, dass ich noch vor der Fertigstellung des ersten Buches über das nächste nachdachte. Nach so viel Unüblichem war es mir ein Bedürfnis, mich dem Einfachen zu widmen, zu zeigen – auch mir selbst – dass wenig oft so viel mehr sein kann.

... WELCHE KÜCHENGERÄTE SIE BRAUCHEN?

Only two: einen Mixstab und einen Standmixer.

... WIE SIE DEN MAXIMALEN NUTZEN AUS DIESEM BUCH ZIEHEN KÖNNEN?

1. Machen Sie mit Ihrem Handy ein Foto von der alphabetischen Gemüseliste auf S. 6/7 – damit haben Sie Ihren Einkaufszettel immer dabei.
2. Kaufen Sie immer paarweise ein, die passende zweite Zutat kommt gleich mit.
3. Kaufen Sie für die ganze Woche ein, vor allem, wenn Sie einen Bauernmarkt in Reichweite haben, und denken Sie dabei an die Farben.

ZU DEN ZUTATEN

Je weniger Zutaten man in einem Gericht verwendet, umso wichtiger ist ihre Qualität, denn sie kann den Geschmack entscheidend beeinflussen und verändern. Das gilt auch für Gewürze und andere Zutaten zum Verfeinern von Speisen. Jahrealter Pfeffer aus einem Streuer bringt ein anderes Ergebnis als frisch gemahlener. Fruchtiges Olivenöl, das nach frisch geschnittenem Gras schmeckt, ergänzt und unterstützt ein Gericht ganz anders als stichiges Öl, das nur einen fettigen Eindruck hinterlässt und Speisen zerstören kann.

GEMÜSE

Wenn nicht anders angegeben, handelt es sich um frisches Gemüse, vorzugsweise in Bioqualität. Manchmal kann auch Tiefkühlgemüse verwendet werden, wenn es zum Rezept passt. Beispielsweise ist tiefgekühlter Blattspinat durchaus eine Option für »Spinat und Erdnuss"«. Hingegen sind gewürfelte Tiefkühlkarotten für Rezepte wie »Karotte und Kichererbse« unbrauchbar, weil hier die Karotten längs halbiert im Ofen geröstet werden müssen.

Hülsenfrüchte werden meist als bereits gekocht, am besten im Glas, angegeben, weil Einweichen und Kochen zu viel Zeit in Anspruch nehmen würde – die Rezepte sind ja für die schnelle Küche gedacht. Auch hier gilt: Beste Qualität ist Bedingung.

SCHALEN, BLÄTTER, KERNE

Was beim Gemüseschälen und -putzen anfällt, wird meist weggeworfen. Das ist schade! Denn in und unter den Schalen sitzen besonders viele wertvolle Nährstoffe. Dass Schalen als nicht essbar gelten, ist meist nichts anderes als eine schlechte Gewohnheit. Bei näherer Betrachtung müsste man viele Gemüse keineswegs schälen oder Stiele, Blätter und Kerne wegwerfen.

In jedem dieser Pflanzenteile finden sich unterschiedliche Stoffe, meist Antioxidantien, die sehr spezielle Benefits für unsere Gesundheit beisteuern könnten – wenn sie nicht im Müll landen.

Manchmal sind Schalen und Stiele etwas härter und müssen kleiner geschnitten und länger gekocht werden. Manchmal muss man sie in der Küchenmaschine fein zerkleinern, um sie dann beispielsweise zu Pesto zu verarbeiten. Wenn Schalen Konsistenz oder Optik in einem Gericht stören, kann man sie sammeln und daraus Suppe oder Fond kochen.

EINKAUF UND ZUBEREITUNG

Um Gemüse mit einem Maximum an Inhaltsstoffen auf Ihren Teller zu bekommen, sollten Sie folgende Facts wissen:

- Gemüse aus konventionellem Anbau entwickeln nur einen Bruchteil der wichtigen Pflanzenstoffe.
- Nicht ausgereifte Gemüse besitzen bis zu 80% weniger Inhaltsstoffe als reife.
- Im Kühlschrank verlieren Gemüse Tag für Tag an wertvollen Antioxidantien.
- Gemüse gibt beim Kochen einen großen Teil der Inhaltsstoffe an das Kochwasser ab.
- Die beste Art, Gemüse zu garen, ist Dampfgaren oder Dünsten in minimaler Flüssigkeit.
- Wird Gemüse im Wasser gekocht bzw. blanchiert, sollte man das Kochwasser für Suppe, Risotto oder Saucen weiterverwenden.

- Die schlechteste Art, Gemüse zu garen, ist die Mikrowelle.

SALZ

Keine Angst vor Salz! Nicht umsonst heißt es von wichtigen Dingen, sie seien »das Salz in der Suppe«. Sehr oft fehlt nur eine Prise Salz, wenn ein Gericht noch nicht ganz so schmeckt, wie es soll. Die Warnungen vor zu hohem Salzkonsum betreffen hauptsächlich Menschen, die viele Fertigprodukte essen, denn dort sind Unmengen an Salz versteckt.

Ich kaufe naturbelassenes Steinsalz und zum Würzen bei Tisch bzw. zum Servieren Fleur de Sel; ab und zu verwende ich auch Meersalz, allerdings immer seltener, weil die Verschmutzung der Meere, nicht zuletzt mit Mikroplastik, beunruhigende Ausmaße annimmt.

SOJASAUCE

enthält meistens auch Weizen und somit Gluten. Die glutenfreie Variante nur aus Sojabohnen ist Tamari. Greifen Sie auch hier zu Bio, denn Soja gehört zu den am meisten gentechnisch veränderten Pflanzen im konventionellen Landbau. Nur langsam fermentierte, also traditionell hergestellte Sojasaucen sind hochwertig.

NATRON

benütze ich zum Blanchieren von grünen Gemüsen. So wird ihre Farbe bewahrt und manchmal sogar noch verstärkt. Man braucht nur eine Prise davon im Kochwasser. Natron ist vollkommen unschädlich und hat in dieser geringen Menge auch keine Auswirkung auf den Geschmack des Kochwassers bei dessen Weiterverwendung.

PFEFFER

bedeutet: schwarzer Pfeffer aus der Mühle oder frisch gemörsert. Am liebsten verwende ich aromatische Sorten wie Kampotpfeffer.

CHILI

Üblicherweise meine ich damit feine, mittelscharfe Chiliflocken. Ich verwende keine sehr scharfen Chilisorten, weil ich es unangenehm finde, wenn Schärfe die anderen Geschmacksempfindungen überrollt.

ZUCKER & CO

Meist verwende ich Bio-Vollrohrzucker oder Kokosblütenzucker, sehr gern auch Ahornsirup, der ein feines Karamellaroma beisteuert. Zart schmeckender Honig kann ebenfalls eine gute Option sein.

CONDIMENTO BALSAMICO

Condimento balsamico bianco und rosso finde ich unter den Essigen am ausgewogensten und vielseitigsten. Sie werden kurz als Condimento bianco bzw. rosso bezeichnet.
In vielen Rezepten kommen sowohl Zitrone/Limette als auch Essig vor. Die Kombination bringt den Mehrwert, kein Element sollte weggelassen werden.

ZITRUSFRÜCHTE

Zitrusschale gehört zu meinen am häufigsten verwendeten Basics, sie bringt Frische und Aroma, während der Saft hauptsächlich Säure beisteuert. Dass die Zitronen, Limetten oder Orangen aus biologischem Anbau stammen, ist besonders wichtig, denn nur diese sind wirklich unbehandelt. Trotzdem sollten sie vor der Verwendung unter heißem Wasser abgebürstet werden.

Es gibt konventionell erzeugte Zitronen und Limetten mit der Bezeichnung »Schale nach der Ernte unbehandelt«. Da ist die Chemie bereits vor der Ernte auf den Früchten gelandet.

BUTTER

Der Geschmack von Butter ist beinahe unersetzbar. Für Menschen, die Milchprodukte nicht vertragen, ist Ghee oder Butterschmalz eine mögliche Alternative, weil beide Produkte laktose- und milcheiweißfrei sind, aber der Buttergeschmack im Grunde erhalten bleibt.

Butter ist ein sehr wertvolles Nahrungsmittel, wenn sie von Kühen stammt, die Gras fressen und auch sonst natürlich und ohne Chemie leben dürfen. Immer wieder wird in Studien nachgewiesen, dass nur die Milch von diesen Tieren ein dem Menschen zuträgliches Fettsäureprofil aufweist und die aktiven Nährstoffe beinhaltet, derentwegen Milchprodukte als gesund gelten. Bei konventioneller Butter ist das leider nicht der Fall.

Die beste Wahl ist aus meiner Sicht Bio-Rohmilchbutter. Hier ist die Wahrscheinlichkeit am höchsten, dass die wertvollen Inhaltsstoffe noch vorhanden sind, die beim Pasteurisieren leider größtenteils verloren gehen. Mittlerweile gibt es auch vegane Butter, die meist aus Cashewnüssen hergestellt wird. Der Geschmack geht in eine etwas andere Richtung als bei Butter aus Milch.

OLIVENÖL

Ich verwende nur biologisches Olivenöl, denn wir haben einen wirklich hohen Ölverbrauch, sodass Pestizide sehr ins Gewicht fallen würden.

Es muss immer wieder in aller Deutlichkeit klargestellt werden, dass die meisten im Supermarkt erhältlichen Olivenöle die Bezeichnung »extra vergine« zu Unrecht tragen. Das ist möglich, weil es dafür zu wenig Kontrollen und zu starke Lobbys gibt. Jeder kann draufschreiben, was er will. Es gibt auf diesem Gebiet leider unbegrenzte, unkontrollierte und ungeahnte Betrugsmöglichkeiten, die voll ausgeschöpft werden, und von denen man erst erfährt, wenn man sich näher mit dem Thema befasst.

FRUCHTIG, BITTER, SCHARF

Das sind die Geschmacksmerkmale, die gutes Olivenöl aufweisen sollte. All die fettigen, ranzigen und modrigen Geschmacksnoten, von denen oft geglaubt wird, dass sie zu Olivenöl dazugehören, sind Ausdruck von minderwertigen, fehlerhaften Produkten.

Meine Empfehlung: Besuchen Sie eine Verkostung oder ein kurzes Seminar mit Experten und lernen Sie, wie gutes Olivenöl schmeckt. Das ermöglicht Ihnen, qualitätsvolle von schlechten Ölen zu unterscheiden.

KÜRBISKERNÖL

In Österreich gehört Kernöl in den meisten Haushalten zur Grundausstattung. Es sollte möglichst ohne Erhitzen schonend gepresst sein.

KOKOSÖL

In den letzten Jahren hoch im Kurs, findet es auch ab und zu in meiner Küche Verwendung. Leider wird es in letzter Zeit als gesundheitsschädlich und sogar giftig bezeichnet, was ich für eine einseitige Sichtweise halte. Kokosöl ist in Asien heimisch und unverzichtbar.

Es besteht zum größten Teil aus gesättigten Fettsäuren, die momentan einerseits zu Unrecht einen schlechten Ruf genießen, andererseits aber auch hochgejubelt werden. Abgesehen von den Fettsäuren enthält Kokosnuss aber eine Reihe von wertvollen sekundären Pflanzenstoffen, die unter anderem auch gegen Bakterien und Parasiten wirkungsvoll sind. Gegen gelegentliche Verwendung spricht nichts, gegen den gegenwärtigen Hype Vieles.

ANDERE PFLANZENÖLE

verwende ich nur zum Würzen. Die wichtigen Omega-3-Fettsäuren, die im Körper für den Gewebeaufbau und viele andere Abläufe benötigt werden, stellt die Natur unter anderem in Leinsamen, grünen Gemüsen und Kräutern, vor allem Wildkräutern, zur Verfügung.

MAISSTÄRKE

unbedingt in Bioqualität verwenden, weil Mais nach Soja wohl die am häufigsten genveränderte Pflanze ist. Maisstärke wird ab und zu zum Binden benötigt.

MEHL

Bei dem in diesem Buch verwendeten Mehl handelt es sich meist um helles, ausgesiebtes Bio-Dinkelmehl.

BROT

Schnell mal beim Backwarenregal zugreifen ist eine Option, aber sicher nicht die beste. Denn wenn es um Qualität geht, kommt man an guten, traditionell arbeitenden Bäckereien nicht vorbei. Sie bieten mit viel Zeitaufwand hergestellte Sauerteigbrote an, deren Teige langsam reifen durften. Dafür wurden ursprüngliche Getreidesorten in Bioqualität vermahlen und sorgfältig verarbeitet.

Keine vorgefertigten Backmischungen in riesigen Säcken, keine Zusatzstoffe, die für Haltbarkeit, Bräunung und lockere Struktur sorgen, und von denen kaum jemand weiß, dass sie in unserem Brot enthalten sein könnten.

Warum das so wichtig ist? Weil hier mit die Ursache dafür liegt, dass so viele Menschen das »tägliche Brot« nicht mehr vertragen, dass sie bemerken: Ohne Brot geht es besser!

WAS IST MIT DEM BROT PASSIERT?

Brot hat sich im Laufe der Zeit grundlegend verändert, von einem Naturprodukt aus Mehl und Wasser zu einem Industrieprodukt mit unzähligen, zum Teil zweifelhaften Zusatzstoffen. Der genetische Code des heute gängigen Weizens ist ein vollkommen anderer, als ursprünglich von der Natur angelegt. Viele Eigenschaften, die der Groß-Agrarwirtschaft nicht passten, wurden im Laufe der Zeit weggezüchtet und andere, praktischere hinzugezüchtet.

Dieses »neue«, veränderte Mehl wird dann flott mit nützlichen Zusatzstoffen versehen und im Schnellverfahren zu Brot gebacken, ohne der Natur die Zeit zu geben, ihre Fermentationsprozesse ablaufen zu lassen. Dadurch würde beispielsweise ein großer Teil des Glutens abgebaut, das aktuell bei vielen Menschen zu erheblichen Problemen führen kann.

»ONLYTWOBROT«

Das ist jenes Brot, das entsteht, wenn man Mehl und Wasser mit Wertschätzung, Geduld und Liebe behandelt. Dann bildet sich Sauerteig, mit dem man unter Zugabe von weiterem Mehl und weiterer Zeit herrliches Brot backen

kann. Keine Sorge, Sie müssen das nicht selbst machen, denn mittlerweile haben sich einige großartige Bäckerinnen und Bäcker an ihre Wurzeln erinnert und backen genau solche Brote für uns. Ich weiß, dass wir alle am Anfang von den Preisen für dieses Brot überrascht sind und ich kenne Menschen, die es kategorisch ablehnen, Brot in einer Bäckerei zu kaufen, in der es dreimal so viel kostet wie anderswo. Es sind die Gewohnheit, die eingefahrenen Denkmuster, die uns so handeln lassen. Als ich begonnen habe, mich zu informieren und zu überlegen, wieviel Arbeit, Zeit und auch finanzieller Einsatz dahinterstecken, wurde mir das Bezahlen in diesen Bäckereien zur Selbstverständlichkeit.

Seither ist Brot für mich eine Delikatesse, wird zu besonderen Gelegenheiten mit Freude und meist mit viel Butter verzehrt. Solches Brot ergänzt die meisten Only-two-Gerichte bestens – und vielleicht konnte ich Sie dazu verleiten, es als Köstlichkeit zu zelebrieren.

ZU DEN REZEPTEN

Die meisten Rezepte in diesem Buch sind im Handumdrehen zubereitet. Damit Sie auf einen Blick sehen können, wie viel Zeit ein Rezept benötigt, finden sich bei den Rezepten Icons mit Zeitangaben. Die Zeiten für Vorbereiten und Fertigstellen orientieren sich an durchschnittlich geübten Köchinnen und Köchen, Angaben zu Back- und Kochzeit sind Richtwerte, da jeder Herd ein wenig anders ist.

Vorbereitung: 

Kochzeit: 

Backzeit: 

Fertigstellen: 

Für alle Rezepte ist das Gewicht der Gemüse mit Schale angegeben, und es wird vorausgesetzt, dass Gemüse und Obst vor der Verwendung gewaschen und geputzt wird.

1 Die besonders SCHNELLEN

SEITE 24–47

GEKOCHTER CHINAKOHL MIT WEISSEN BOHNEN

4–6 Personen | 3 Minuten | 3 Minuten | 5 Minuten

Kleine weiße Bohnen erinnern mich immer an die Toskana mit ihren grandios einfachen und gleichzeitig aromatischen Gerichten. Chinakohl dazu ist zwar kein Klassiker, aber ein sehr interessanter Newcomer.

1 Pr. Natron
Salz
750 g **CHINAKOHL**
2 Gläser oder Dosen kleine, gekochte weiße **BOHNEN** (gesamtes Abtropfgewicht ca. 400 g)
Pfeffer
evtl. Chiliflocken
1 Zitrone
Olivenöl

1) In einem großen Kochtopf 3 l Wasser mit Natron und 2 TL Salz zum Kochen bringen.

2) Blätter vom Chinakohl ablösen und portionsweise 1–2 Minuten blanchieren. Herausheben, in einem Sieb gründlich abtropfen lassen und in große, unregelmäßige Stücke schneiden.

3) Bohnen abgießen, im Chinakohl-Kochwasser 1 Minute ziehen lassen und abseihen.

4) Chinakohl und Bohnen auf einer großen Platte anrichten, mit Salz, Pfeffer und ggf. Chiliflocken bestreuen. Mit einigen Tropfen Zitronensaft und reichlich Olivenöl beträufeln. Mit Zitronenspalten und extra Olivenöl lauwarm servieren.

VARIANTE Im Herbst und Winter Endiviensalat statt Chinakohl verwenden. Er hat mehr Charakter, Struktur und leichte Bitterstoffe.

EXTRA PROTEIN
Dick geschnittene italienische/toskanische Salami, gebratene Salsicce, Rib Eye, Costata fiorentina, Schweinebraten.

EXTRA CARBS
Rustikales, krustiges Weißbrot.

EXTRA HERBS
Rosmarin, Thymian, Liebstöckel, Salbei, Fenchelkörner, Fenchelblüte.

KNUSPRIGER SALAT AUS GURKEN UND ZEDRATZITRONEN

4 Personen als Snack 10 Minuten

In ihrer Saison im Winter gehört die Zedratzitrone zu meinen ständigen Zutaten. Für das Foto habe ich die Sorte Lungo di Kalabria verwendet, eine weniger milde Zitronensorte mit nur halb so dicker weißer Schicht, die bis in den frühen Sommer erhältlich ist.

4–6 Mini **GURKEN**

ca. ½ unbehandelte Zedrat-**ZITRONE**

Salz

1 EL Condimento bianco

3 EL fruchtig-scharfes Olivenöl

1) Gurken auf ein Brett legen und mit einem schweren Gegenstand (Glas, Flasche, Stößel) daraufklopfen, bis sie aufspringen. In mundgerechte Stücke schneiden.

2) Zitrone längs vierteln, das Fruchtfleisch herausschneiden und für anderweitige Verwendung aufbewahren. 1–2 Zitronenviertel (ca. ¼ der Gurkenmenge) quer in hauchdünne Scheiben schneiden oder mit dem Sparschäler hobeln und mit Gurken, Salz, Condimento bianco und Olivenöl mischen. Sofort servieren!

DER TRICK Das Zerklopfen der Gurken ist entscheidend für die spezielle, besonders knackige Konsistenz des Salates.

TIPP Wenn Sie keine Zedratzitronen oder andere große Sorten finden, versuchen Sie es mit normalen, möglichst dickschaligen Zitronen: Vierteln und in einer beschichteten Pfanne schön braun braten. Herausnehmen, etwas abkühlen lassen, Fruchtfleisch teilweise entfernen, es steuert zu viel Säure bei. Teile hauchdünn schneiden und mit den Gurken und den restlichen Zutaten mischen. Auch Meyerzitronen können verwendet werden.

VARIANTE Sehr fein, etwas asiatisch, schmecken die kleinen Gurken auch mit geröstetem Sesamöl und Limettenschale.

EXTRA PROTEIN

Passt zu nahezu jedem gebratenen oder gegrillten Fleisch oder Fisch.

EXTRA CARBS

Knuspriges Weißbrot.

EXTRA CREAMY

2 EL Tahin mit kaltem Wasser und etwas Salz zu einer cremig-flüssigen Konsistenz rühren und über das fertige Gericht träufeln.

KOHLRABICARPACCIO MIT RUCOLAPESTO

4 Personen als Snack | 10 Minuten | 5 Minuten

Kohlrabi sind süß, saftig und knackig – ideal, um sie in einer charmanten Vorspeise oder einem leichten Abendessen zu verwenden. Rucola gibt mit seiner zarten Schärfe und dezenten Bitterkeit einen interessanten Partner ab.

2 kleine **KOHLRABI**

1 Bund **RUCOLA**

1 TL Condimento bianco

Salz

4 EL Olivenöl

Zitronensaft

1) Kohlrabi schälen, den holzigen Teil und die Blätter abschneiden. Junge Blättchen werden mitverwendet und fein geschnitten. Mit einer Mandoline oder einem Hobel hauchdünne, möglichst ganze Scheiben von den Kohlrabi schneiden.

2) Einige Rucolablätter zur Seite stellen, restlichen Rucola grob schneiden und in einem hohen Gefäß mit Condimento bianco, ¼ TL Salz und Öl pürieren. Mit Salz und Zitrone abschmecken, beides reduziert eventuelle Bitterkeit.

3) Auf jedem Teller etwas Pesto verstreichen, Kohlrabischeiben darauf anordnen, mit dem restlichen Pesto beträufeln und zur Seite gestellte Rucola- und Kohlrabiblättchen darüberstreuen.

TIPP Auch mit einem scharfen Messer lassen sich dünne Scheiben vom Kohlrabi schneiden, es ist aber ungleich schwieriger als mit einer Mandoline. Machen Sie im Zweifelsfall lieber dünne und dafür nur halbe Scheiben als zu dicke.

VARIANTE Rucola kann ganz oder teilweise durch Petersilie, Koriander oder Basilikum ersetzt werden.

EXTRA PROTEIN
Ricotta, Burrata, Ziegen- oder Schaffrischkäse.

EXTRA CARBS
Baguette, Ciabatta, Focaccia.

EXTRA AROMA
Dünn gehobelter Parmesan oder Pecorino.

MAISSUPPE MIT JALAPEÑO

4 Personen | 10 Minuten | 5 Minuten

Mais und grüner Jalapeñochili sind ein feines Paar, ein Klassiker im amerikanischen Maisbrot. Aber auch ohne Chili ist die Maissuppe ein köstlicher Gaumenschmeichler.

300 g Tiefkühl-**MAIS**
20 g Butter
½ TL Salz
½ TL gehackte **JALAPEÑOS** (Tiefkühlregal)

1) Maiskörner in 750 ml Wasser weich kochen, mit Butter und Salz im Standmixer oder mit dem Pürierstab mixen und durch ein feines Sieb passieren.

2) ¼ der Menge mit den Jalapeños mischen und abschmecken.

3) Suppe nochmals erwärmen, mit Salz abschmecken, in Gläser oder Schüsseln verteilen und die Jalapeñocreme vorsichtig darüber schichten.

TIPP Mais aus dem Glas, aus der Dose oder die Körner von 3 frischen Maiskolben verwenden, die mindestens 20 Minuten kochen müssen. Ebenso können Sie frische Jalapeñoschoten benützen.

VARIANTE Statt Chili kann man auch Kräuter verwenden, beispielsweise Koriander.

EXTRA PROTEIN
Gegrillte Shrimps, gekochte schwarze Bohnen.

EXTRA CARBS
Knuspriges Weißbrot.

RADICCHIO MIT GEBRATENEN ZWETSCHGEN

4 Personen   10 Minuten

Reife Zwetschgen oder Pflaumen sind im Spätsommer und Herbst geschmacklich und farblich allerbeste Partner für Radicchio. Man kann sie entkernt und halbiert einfrieren, um auch im Winter noch einen Vorrat zu haben.

500 g **RADICCHIO**
Salz
3 EL Condimento rosso oder Aceto balsamico
4 EL Olivenöl
20 **ZWETSCHGEN**
2 TL Butter
1 TL Zucker

1) Radicchio in mundgerechte Stücke zupfen. Auf einer Platte anrichten, mit Salz, 2 EL Balsamico und Olivenöl mischen.

2) Zwetschgen halbieren, entkernen und längs in Viertel schneiden.

3) Eine Pfanne erhitzen, Butter aufschäumen, Zwetschgen dazugeben. Bei großer Hitze braten, dabei immer wieder schütteln. Sie sollen weich sein, aber nicht zerkocht. Mit Zucker bestreuen und durchschwenken, bis der Zucker geschmolzen ist. Mit restlichem Balsamico ablöschen, mischen, auf dem Radicchio anrichten und sofort servieren.

VARIANTE Statt Zwetschgen Pfirsiche oder Äpfel nehmen. Auch Dörrpflaumen passen, sie müssen etwas länger köcheln.

EXTRA AROMA
Zwetschgen mit einem Schuss Portwein ablöschen.

EXTRA PROTEIN
Blauschimmel- oder Ziegenkäse, San Daniele, Prosciutto di Parma o.Ä.

EXTRA CARBS
Gebratener Kürbis, Weißbrot, getoastetes Schwarzbrot.

EXTRA CRUNCH
Karamellisierte Walnüsse, Granatapfelkerne.

GEKOCHTER RETTICH MIT DIJONSENFBUTTER

4 Personen als Snack | 5 Minuten | 20 Minuten

In Tokio habe ich Bierrettich von einer ungewohnten Seite kennengelernt. Weich gekocht kam er in Suppe und mit Senf auf den Tisch und schmeckte absolut köstlich: süßlich, saftig und sanft.

600 g **BIERRETTICH**
1 TL Salz
1 EL Dijon**SENF**
40 g weiche Butter
1–2 EL Sojasauce
1 Spritzer Condimento bianco
evtl. 1 Prise Zucker

1) Rettich quer in ca. 5–6 cm dicke Scheiben schneiden. 1 Scheibe beiseitelegen, sie bleibt roh. Die anderen knapp mit Wasser bedecken und mit Salz weich kochen. Der Rettich sollte ca. die Konsistenz einer weich gekochten Kartoffel haben und durchscheinend aussehen.

2) Den rohen Rettich ganz fein reiben (Microplane).

3) Dijonsenf mit Butter verrühren und bis zum Servieren kühl stellen.

4) Kochsud nach und nach mit Sojasauce, Condimento bianco und evtl. Zucker abschmecken.

5) Je 1 Rettichscheibe in einer Schüssel mit etwas Kochflüssigkeit, 1 gehäuften TL Butter und ½ TL geriebenen Rettich anrichten. Restliche Dijonbutter und geriebenen Rettich extra dazu servieren, jeder nimmt nach Geschmack Rettich und Butter nach. Wenn der Rettich aufgegessen ist, kann die Suppe getrunken oder gelöffelt werden.

DER TRICK Der rohe, feinst geriebene Rettich, der das Gericht frisch macht.

TIPP Wenn Sie sich mehr dem Original annähern wollen, kochen Sie den Rettich in Dashi: Instant-Dashi bekommt man in asiatischen Geschäften oder online.

EXTRA PROTEIN
Räucher-fisch.

EXTRA CARBS
Reis (auch roter oder schwarzer).

ROTE RÜBEN IN ZITRONENGRASSAUCE

4 Personen | 5 Minuten | 10 Minuten | 5 Minuten

Das exotische Aroma von Zitronengras und Limette lässt dieses simple Rübengericht fast wie ein Curry wirken. Es ist dank der vorgekochten roten Rüben in kürzester Zeit fertig und eignet sich als Suppe, Eintopf oder »Curry« mit Basmati.

40 g **ZITRONENGRAS** (ca. 5–6 Stängel)

750 g gekochte **ROTE RÜBEN**

½ TL Salz

Pfeffer

1 EL Zucker

1 Bio-Limette

1 EL Condimento bianco

1 EL Sesam- oder Olivenöl

1 EL Maisstärke

1) Vom Zitronengras die oberen holzigen Teile abschneiden (fast ⅔), diese mit Küchengarn zusammenbinden und in 500 ml Wasser zum Kochen bringen. Verbleibende Stücke bis zum essbaren, weichen Kern schälen, diesen schräg in ganz dünne Scheiben schneiden und beiseitestellen.

2) Rote Rüben in mundgerechte Stücke oder Spalten schneiden, mit Salz, Pfeffer, Zucker und dem abgeschnittenen Zitronengras in den Topf geben und 10 Minuten auf kleiner Flamme köcheln lassen.

3) Limettenschale fein abreiben und Limette auspressen. Die gesamte Schale und die Hälfte des Safts mit Condimento bianco und Öl zu den Rüben geben.

4) Stärke mit wenig kaltem Wasser anrühren und unter die Rüben mischen, einmal aufkochen lassen. Mit Salz, Zucker und Limettensaft abschmecken, das zusammengebundene Zitronengras entfernen und die Rüben servieren.

TIPP Wenn Sie frische rote Rüben verwenden, dauert die Kochzeit je nach Größe der Rüben ca. 45 Minuten bis zu 1 Stunde. Alternativ die Rüben roh in dünne Spalten oder kleinere Würfel schneiden und 20 Minuten kochen.

VARIANTE Bunte Rüben verwenden oder andere Gemüsesorten dazugeben wie Kohlrabi, Zucchini, Blumenkohl …

EXTRA AROMA

Zusätzlich oder an Stelle von Zitronengras viel feingehackten Zitronenthymian oder Zitronenverbene und die Schale einer zweiten Limette verwenden.

EXTRA PROTEIN

Gekochtes Rindfleisch, Huhn, Räucherfisch.

EXTRA CARBS

Reis, Quinoa, mit mitgekochten Kartoffeln als Eintopf.

GEBRATENE SALATHERZEN MIT KAPERN UND BRAUNER BUTTER

4 Personen als Snack | 5 Minuten | 3 Minuten | 2 Minuten

Kein Sattmacher, aber eine aparte Vorspeise, Beilage oder, als doppelte Portion mit gutem Brot zum Tunken, ein feines Abendessen. Das ist eines der Gerichte, das nicht auf die Esser warten darf, sondern umgekehrt!

50 g kleine **KAPERN** in Salz (ersatzweise in Essig)
100 g Butter
4 **SALAT**herzen

1) Kapern kalt abspülen und in ein Glas kaltes Wasser legen.

2) Butter in einem kleinen Pfännchen langsam köcheln lassen, ohne umzurühren, bis sie zart gebräunt ist und zu duften beginnt. Sofort von der Herdplatte ziehen.

3) Kapern abseihen und in Küchenpapier gründlich ausdrücken. Eine beschichtete Pfanne heiß werden lassen und die Kapern ohne Fett rösten, bis sie knusprig werden. Dabei immer wieder wenden. Pfanne von der Platte ziehen und Kapern auf einen Teller geben.

4) Salatherzen längs vierteln, den Strunk nicht wegschneiden. Pfanne nochmals heiß werden lassen, Salatherzen ohne Fett auf den beiden Schnittflächen je ca. 1 Minute goldbraun braten. Sofort anrichten.

5) Butter nochmals erwärmen, über die Salate träufeln, Salate mit Kapern bestreuen. Sofort servieren.

DER TRICK Kleine Kapern verwenden, nur sie werden knusprig.

TIPP Auch rohe Salatherzen schmecken fein mit Butter und Kapern. In diesem Fall ist es besonders wichtig, dass die Butter ganz heiß ist und das Gericht sofort gegessen wird.

EXTRA PROTEIN

Jedes kurz gebratene Fleisch und Fisch, wachsweiche oder pochierte Eier, Linsen, Kichererbsen, Bohnen.

EXTRA CARBS

Gutes Brot oder Kartoffeln.

SPINAT MIT ERDNUSSBUTTER

4 Personen | 5 Minuten | 3 Minuten | 5 Minuten

Dieser Spinat belegt für mich einen Spitzenplatz in Schnelligkeit, Umami und Flexibilität.

1 kg **SPINAT**
4 EL **ERDNUSS**butter mit Stückchen
Salz
Pfeffer

1) Spinat waschen, tropfnass in einen großen Kochtopf geben und bei starker Hitze zusammenfallen lassen. Dabei ein- bis zweimal umwenden. In ein Sieb gießen, Flüssigkeit auffangen.

2) Abgekühlten Spinat gut ausdrücken und grob hacken.

3) Erdnussbutter in ca. 125 ml der Kochflüssigkeit schmelzen, Spinat untermischen, warm werden lassen und mit Salz und Pfeffer abschmecken.

TIPP Tiefgekühlter Blattspinat ist bei Zeitmangel eine passable Alternative.

EXTRA CRUNCH
Mit gehackten Erdnüssen bestreuen.

EXTRA ELEGANT
Als Belag auf Pizza- oder Kuchenteig, als Füllung in Strudelteig, mit dem Pfeffercrumble von S. 65.

EXTRA PROTEIN
Eier in jeder Form (Spiegelei, pochiert, wachsweich).

EXTRA CARBS
Unter Pasta oder Risotto gemischt, zu Reis, zu Gnocchi oder Kartoffeln.

ZUCCHINISPAGHETTI MIT GRÜNEM OLIVENPESTO

4 Personen 15 Minuten 5 Minuten

Zucchinispaghetti werden auch »Zoodles« genannt und sind eine erstaunlich gute Pastaalternative. Keine Sorge, sollten Sie keinen Spiralschneider besitzen – mit ganz normal geschnittenen Zucchini funktioniert es auch.

800 g **ZUCCHINI**
170 g grüne **OLIVEN** ohne Stein (Abtropfgewicht)
5 EL fruchtiges Olivenöl
1 Bio-Zitrone
Pfeffer
Salz

1) Ofen auf 70 °C vorheizen und eine große Schüssel darin warm stellen. Zucchini mit einem Spiralschneider zerkleinern, sodass Spaghetti entstehen, oder in beliebige Stücke schneiden.

2) Oliven abgießen, ggf. entsteinen und im Blitzhacker mit Olivenöl zu einer mittelfeinen Paste mixen. Zitronenschale fein abreiben und mit dem Saft von ¼ Zitrone untermischen. Großzügig pfeffern. Salz erübrigt sich oft, weil die Oliven bereits salzig sind.

3) Eine weite beschichtete Pfanne sehr heiß werden lassen. Zucchini portionsweise ganz kurz scharf anbraten. Dabei ununterbrochen wenden. Es sollte so gut wie keine Flüssigkeit entstehen. Im Ofen warm halten, bis alle Zucchini gebraten sind. Sie sollten noch bissfest sein.

4) Sofort mit der Olivenpaste mischen, mit Salz und Pfeffer abschmecken und servieren.

EXTRA PROTEIN

Fein zerbröselter milder Schafkäse, z.B. Manouri, Thunfisch aus der Dose, gebratene oder gedämpfte Fischfilets.

EXTRA HERBS

Fenchelgrün, gemörserte Fenchelsamen oder Fenchelblüte, Basilikum, Dill.

EXTRA CARBS

Mit gekochten Linguine oder Spaghetti mischen.

EXTRA CRUNCH

Zerzupftes, in Olivenöl geröstetes Brot.

ZUCCHINI MIT TRÜFFELCREME

4 Personen als Vorspeise · 20 Minuten · 15 Minuten

Sieht toll aus, schmeckt toll und ist ganz einfach. Letzten Endes lassen sich alle Arten und Größen von Zucchini nach diesem Rezept zubereiten, siehe Tipp!

8 kleine runde **ZUCCHINI** (ca. 800 g)
4–5 TL **TRÜFFEL**öl
Salz

1) Ofen auf 60 °C vorheizen. In einem großen Topf Wasser zum Kochen bringen, Zucchini hineingeben und knapp gar kochen (je nach Größe 5–10 Minuten, größere Exemplare bis zu 15 Minuten). Alternativ im Dampf garen (dauert ca. um ein Drittel länger, erhält aber mehr Nährstoffe). Herausnehmen und etwas abkühlen lassen.

2) Von runden Zucchini das obere Drittel quer abschneiden, lange Zucchini längs halbieren. Mit einem kleinen Löffel das Innere des unteren Teils der Zucchini ca. 1,5 cm tief herausschaben, in ein Sieb geben und abtropfen lassen. Ausgehöhlte Zucchini samt oberem Teil warm stellen.

3) Abgetropftes Fruchtfleisch mit Trüffelöl und Salz pürieren.

4) Evtl. angesammelte Flüssigkeit aus den ausgehöhlten Zucchini ausleeren, innen salzen. Püree in die Zucchini füllen, oberen Teil wieder daraufsetzen und sofort servieren.

TIPP Wenn es noch schneller gehen soll, einfach 1 der gekochten Zucchini mit dem Trüffelöl pürieren und zu den gekochten ganzen Zucchini als Sauce servieren. So lassen sich auch große Zucchini verwenden.

VARIANTE Statt Trüffelöl Trüffelbutter oder Trüffelbrie verwenden.

EXTRA PROTEIN
Rührei, pochierte Eier.

EXTRA CARBS
Baguette, im Zucchiniwasser mitgekochter Reis.

SPINAT

Ein echtes »Breitbandgemüse«! Seine beeindruckenden Mengen der meisten Nährstoffe bewirken ein hohes antientzündliches Potential. Daraus resultiert auch die Fähigkeit, gegen Krebszellen zu wirken oder deren Entstehung vorzubeugen. Ganz generell haben grüne Blattgemüse (u.a. die ganze Kohlfamilie) solche oder ähnliche Fähigkeiten und gelten als wichtiger Bestandteil unserer Ernährung. Täglich etwa 7 bis 8 Handvoll Blätter wären perfekt, ein kleiner Teil davon roh genossen, der Rest möglichst schonend sautiert oder dampfgegart.

Sieger bei Vitamin K! Das ist wichtig für starke Knochen und gesunde Arterien. Eine ganze Reihe an Karzinomen wird durch die antioxidativen Wirkstoffe positiv beeinflusst, während Inulin hilft, den Blutzucker stabil zu halten und eine gesunde Darmflora herzustellen. Die wichtigen Bitterstoffe regen das Verdauungssystem an, verbessern die Nährstoff-Aufnahme und verhindern Entzündungen.

RADICCHIO

Die Fettsäuren der Avocado sind wichtiger Bestandteil der Mittelmeerdiät, die vor allem Herzkrankheiten vorbeugt und das Gehirn schützt. Außerdem erhöhen die Fette der Avocado die Aufnahme von anderen Pflanzenstoffen, wie z.B. der Karotinoide, aus der Nahrung. Aus Gründen des Umweltschutzes sollte man es aber auch nicht übertreiben – ein bis zwei Avocados pro Woche sind ausreichend.

AVOCADO

2 Die besonders WÜRZIGEN

SEITE 50–75

AUBERGINEN MIT MISOBUTTER GRATINIERT

4 Personen 5 Minuten 15 Minuten 5 Minuten

Diese wunderbar einfache Art, Auberginen im Dampf zu garen, habe ich in Hongkong zum ersten Mal kennengelernt. Zart, schmackhaft, leicht – und dazu noch schnell.

800 g große, plumpe **AUBERGINEN**
120 g Shiro **MISO** (heller Reismiso)
70 g weiche Butter

1) Auberginen quer in ca. 1 cm dicke Scheiben schneiden. Nebeneinander in 1–2 Dampfgarkörbe legen und über kochendem Wasser bei starker Hitze ca. 15–20 Minuten garen, bis die Stücke durch und durch weich sind. Auch die Haut muss sich ganz leicht schneiden lassen. Herausnehmen, abkühlen lassen und mit Küchenpapier trocken tupfen.

2) In der Zwischenzeit Miso und Butter gründlich mischen und Ofengrill vorheizen.

3) Auberginen auf einem mit Backpapier ausgelegten Blech verteilen, mit Misobutter bestreichen und auf der 2. Schiene von oben für 2 Minuten in den Ofen schieben. Bräunungsgrad kontrollieren, evtl. das Blech umdrehen (Vorderseite nach hinten) und nochmals 1–2 Minuten unter Aufsicht übergrillen, bis die Oberfläche schön gebräunt ist und zu blubbern beginnt.

TIPP Wer keine Dampfgarkörbe hat, kocht die Auberginenscheiben in Wasser mit einigen Spritzern Limettensaft ca. 8–10 Minuten weich und lässt sie auf Küchenpapier gründlich abtropfen. Das geht schneller, aber die Auberginen verlieren etwas an Geschmack.

VARIANTE Statt Misopaste Erdnussbutter verwenden (Butter weglassen, Erdnussbutter nach und nach mit heißem Wasser bis zu dickcremiger, streichbarer Konsistenz verrühren).

EXTRA COLOUR
Dicke Tomatenscheiben mit unter den Grill legen.

EXTRA CARBS
Sushireis (wie für Sushi nach dem Kochen mit etwas Essig und Zucker gemischt) oder Basmati. Oder mit Salat und ein paar Pickles als spannender Veggie-Burger.

EXTRA KICK
Fein geriebenen Ingwer in die Misobutter mischen.

EXTRA FRESH
Gurke, z.B. Gurke mit Zitrone oder mit Sesamöl (s. S. 27).

OFENGERÖSTETER FENCHEL MIT AJVAR

4 Personen | 10 Minuten | 20 Minuten | 5 Minuten

Ajvar wird aus geröstetem Paprika – manchmal auch mit Auberginen – hergestellt und stammt ursprünglich aus dem ehemaligen Jugoslawien. Eine praktische Zutat, die man dem eigenen Geschmack anpassen kann. Der geröstete Fenchel liebt Ajvar und umgekehrt.

4 große **FENCHEL**knollen
1 Glas **AJVAR**
Salz
Olivenöl
evtl. Zucker oder Honig
1 Zitrone

1) Ofen auf 180 °C vorheizen. Grüne Fenchelstängel abschneiden (evtl. für einen Fond aufheben), Fenchelgrün aufheben, Strunk nicht wegschneiden. Mit einem Sparschäler die äußerste Schicht vom Fenchel abschälen. Knollen auf einem Brett hochstellen und von oben nach unten mit einem sehr scharfen Messer längs ca. 2–3 mm dicke Scheiben abschneiden. 1 große Handvoll Fenchel bis zum Servieren in Eiswasser legen.

2) Restlichen Fenchel auf einem mit Backpapier ausgelegten Blech mit ½ TL Salz und 1 EL Olivenöl mischen und ohne Überlappen in einer einzigen Lage auflegen. Im oberen Drittel des Ofens 10 Minuten backen. Blech einmal drehen, weitere 5 Minuten rösten. Wenn nötig, auf 250 °C schalten und den Fenchel unter Aufsicht backen, bis er schön gebräunt und an manchen Stellen knusprig ist. Aus dem Ofen nehmen.

3) Ajvar evtl. mit etwas Zucker oder Honig und Olivenöl abschmecken.

4) Fenchelgrün hacken und beiseite stellen. Rohen Fenchel aus dem Eiswasser nehmen, trocken tupfen. Leicht salzen, pfeffern und mit einigen Tropfen Zitronensaft und Olivenöl beträufeln. Gebratenen und rohen Fenchel mit Ajvar anrichten und mit Fenchelgrün bestreuen. Zitronenspalten und Olivenöl dazu servieren.

TIPP Man kann zum Fenchelschneiden auch eine Mandoline benützen. Alternativ Knollen längs halbieren und quer in dünne Scheiben schneiden. Das ist einfacher, aber nicht ganz so attraktiv.

EXTRA PROTEIN

Fisch, Lamm, Chorizo, Salsiccia, Kebab, Kichererbsen aus dem Glas (5–10 Minuten mitrösten), Feta.

EXTRA CARBS

In Fladenbrot füllen, zu Polenta, kleingeschnitten in kurze Pasta oder Reis mischen, als Belag auf Pizza- oder Kuchenteig.

EXTRA CHIC

In Strudelteig füllen und zu Ministrudeln rollen und backen (rohen Fenchel und Ajvar extra dazu servieren).

GRÜNE BOHNEN MIT KERNÖLCREME

4 Personen · 10 Minuten · 7 Minuten · 3 Minuten

Cremiger Frischkäse und nussiges Kürbiskernöl ergänzen sich perfekt mit grünen und gelben Bohnen, die kalt, lauwarm oder sogar heiß sein können.

800 g grüne **BOHNEN**
oder eine Mischung aus grünen und gelben Bohnen
Salz
1 Pr. Natron

300 g Ziegen- oder Schaf-**FRISCHKÄSE**
Pfeffer
2–3 EL Kürbiskernöl plus Kernöl zum Servieren
evtl. 1 Pr. Zucker
2 TL Condimento bianco
Salzflocken

1) Von den Bohnen nur die Stängelenden abschneiden und die Bohnen mit 2 Finger hoch Wasser in einen großen Kochtopf mit Deckel geben, ¼ TL Salz und Natron zugeben. Zugedeckt zum Kochen bringen. In ca. 7 Minuten bissfest dünsten, dabei ein- bis zweimal umrühren. Evtl. verbliebene Flüssigkeit abgießen.

2) In der Zwischenzeit Frischkäse mit Salz, Pfeffer und evtl. Wasser verrühren, so dass eine lockere Creme entsteht. Kernöl unterziehen und nochmals mit Salz, Pfeffer und evtl. Zucker abschmecken.

3) Bohnen schräg in mundgerechte Stücke schneiden, mit Condimento bianco beträufeln und auf dem Frischkäse anrichten. Mit Salzflocken bestreuen und mit Kernöl an der Seite servieren.

TIPP Statt Frischkäse schmeckt auch Joghurt oder eine Mischung aus Crème fraîche und Joghurt.

EXTRA PROTEIN
Gekochtes Rindfleisch, wachsweiche Eier, Debreziner-Würste, gekochter Landschinken.

EXTRA AROMA
Liebstöckel, Basilikum, Dill, geriebener Meerrettich.

EXTRA CARBS
Mit den Bohnen mitgekochte Kartoffelwürfel, Ofenkartoffeln, Fladenbrot, Bauernbrot, Blinis aus Linsenteig.

EXTRA CRUNCH
Geröstete Kürbiskerne, Radieschenspalten.

GESCHMORTE GURKEN IN DIJONSENFBUTTER

4 Personen als Snack | 15 Minuten | 8 Minuten

Es ist nichts Neues, Gurken zu schmoren, nur ist es in Vergessenheit geraten. Dabei erweist sich dieses Gericht als besonders vielseitiger Begleiter, ist aber auch für sich allein ein Genuss. Der Trick dabei ist, die Gurke auf den Punkt zu garen.

1,2 kg **GURKEN**
2,5 EL Dijon**SENF**
110 g weiche Butter
Salz
Pfeffer
evtl. Zucker

1) Gurken teilweise (wenn die Schale zart ist) oder ganz schälen, längs halbieren und mit Hilfe eines Teelöffels die Kerne herauskratzen. Gurken quer leicht schräg in 1 cm dicke Scheiben schneiden.

2) Senf und 100 g Butter gründlich zu einer Creme vermischen.

3) Eine große Pfanne heiß werden lassen, restliche Butter aufschäumen, Gurken hineingeben, auf mittlere Hitze zurückschalten und ca. 4 Minuten schmoren. Wenn nötig, mit 2–3 EL Wasser aufgießen.

4) Senfbutter dazugeben und 3–4 Minuten sachte weiterschmoren. Die Gurken müssen Biss behalten. Mit Salz, Pfeffer und ggf. etwas Zucker abschmecken und sofort servieren.

TIPP In ca. 1 cm große Würfel geschnitten gart die Gurke noch schneller.

EXTRA PROTEIN
Roastbeef, gekochtes Rindfleisch, Schweinekoteletts, kalter Schweinebraten, Hackfleisch, Bratwürste, gekochter Schinken, wachsweiche Eier, Linsen.

EXTRA CARBS
Stampfkartoffeln, Folienkartoffeln, geröstete Kartoffeln.

EXTRA HERBS
Dill, Petersilie, Koriander, Estragon.

KAROTTEN IN SENFSAUCE

4 Personen · 8 Minuten · 10 Minuten · 3 Minuten

Das ist die elegante Karotte, ganz im französischen Stil: Der aromatische, grobe Senf verbindet sich perfekt mit der Süße des Gemüses.

600 g **KAROTTEN**
80 g Butter
2 EL französischer grober **SENF** (Moutarde à l'Ancienne oder Moutarde de Meaux)
1,5 TL Salz
1 TL Zucker
2 TL Maisstärke

1) Karotten waschen und längs in 3–4 cm lange Stifte schneiden. In einem Kochtopf knapp mit Wasser bedecken und offen ca. 5–10 Minuten bissfest kochen. Ca. ½ Tasse Kochwasser abgießen, damit nicht zu viel Sauce entsteht,

2) Butter, Senf, Salz und Zucker unterrühren.

3) Maisstärke in ganz wenig kaltem Wasser verrühren und zu den Karotten geben. Einmal aufkochen lassen. Wenn nötig, mit Salz, Zucker und Senf abschmecken und heiß servieren.

DER TRICK Entscheidend ist, wie die Karotten geschnitten werden. Scheibchen kleben leicht zusammen und schauen wesentlich weniger attraktiv aus als die länglichen zarten Stifte.

TIPP Wenn Sie helle und dunkelrote Karotten mischen wollen, kochen Sie die dunklen extra und geben sie ganz zum Schluss auf das fertige Gericht. So kommen die Farben schön zur Geltung ohne sich zu mischen.

EXTRA PROTEIN

Kurz gebratenes Rindfleisch wie Rib Eye, Schweinekoteletts, Bratwürste, Huhn.

EXTRA CRUNCH

2 EL schwarze Senfsamen in einer trockenen Pfanne rösten, bis sie zu springen beginnen. Sofort über das fertige Gericht streuen. Auch geröstete Mohnsamen passen sehr gut.

EXTRA CARBS

Geröstete Kartoffeln, gebackene Stampfkartoffel (s. S. 161), Blinis aus Linsenteig, Reis, mit Pasta gemischt.

LAUCH IN CURRYBUTTER

4 Personen 5 Minuten 20 Minuten

Als ich das erste Mal, eher per Zufall, Lauch mit ein wenig Currypulver aufpimpen wollte, hat mich das Ergebnis einfach umgeworfen. So sanft und buttrig, exotisch und umami – wieso war ich da nicht früher draufgekommen?

6 dicke **LAUCH**stangen (ca. 1,8 kg)
90 g Butter
1 TL mildes **CURRY**pulver
¾ TL Salz

1) Vom Lauch die dunkelgrünen Teile abschneiden und z.B. für Suppen verwenden. Wurzelansatz wegschneiden. Vom weißen Teil vorsichtig die beiden äußersten Schichten abziehen und die Stangen in ca. 2,5 cm dicke Scheiben schneiden.

2) Butter in einer großen Pfanne (26 cm Durchmesser) schmelzen, Curry unterrühren, Lauch nebeneinander eng in die Pfanne setzen, salzen und ca. 200 ml kochendes Wasser dazugießen.

3) Bei mittlerer Hitze 10 Minuten bedeckt köcheln lassen. Lauch vorsichtig wenden und weitere 10 Minuten schmoren. Prüfen, ob der Lauch weich ist, ggf. noch etwas schmoren. Sollte zu viel Flüssigkeit vorhanden sein, ohne Deckel bis auf die gewünschte Menge reduzieren.

DER TRICK Wie bei allen faserigen Gemüsen sind kurze Stücke das Geheimnis einer angenehmen Ess-Konsistenz. Zudem ist Lauch im Querschnitt optisch besonders attraktiv. Die kleine Mehrarbeit, die die Scheiben im Vergleich zu längeren Stücken bereiten, lohnt sich.

EXTRA PROTEIN
Weiße Fischfilets passen hervorragend, Huhn, Kalbsleber, evtl. auch Kalbsleberpastete.

EXTRA ELEGANT
Auf frisch gebackenem Pizzateig oder Kuchenteig anrichten.

EXTRA CARBS
Knuspriges Baguette, Reis, Quinoa, Couscous, mit einer kurzen Pasta vermischt.

EXTRA CRUNCH
Geröstete Cashews.

GERÖSTETER LAUCH MIT MAISCREME

4 Personen | 5 Minuten | 15 Minuten | 15 Minuten

Lauchstangen werden zuerst gekocht und dann geröstet. Dadurch besitzen sie einen zarten, weichen Kern und eine kräftig gebräunte Oberfläche. Mit der süßlichen Maiscreme ein elegantes Paar.

600 g Tiefkühl-**MAIS**

6 mitteldicke Stangen **LAUCH**

60 g Butter

1 EL Olivenöl

Salz

1) Mais mit 150 ml Wasser zugedeckt ca. 6 Minuten dünsten. Abgießen und die Kochflüssigkeit aufbewahren.

2) Vom Lauch die dunkelgrünen Teile, die beiden äußersten Schichten und das Wurzelende entfernen. Lauch in einer Pfanne mit Wasser bedecken und in 8–10 Minuten zugedeckt knapp weich kochen. Herausnehmen, abtropfen, auf Küchenpapier legen und abkühlen lassen.

3) Mais, Butter und 4–5 EL Kochwasser mit dem Mixstab so fein wie möglich pürieren und anschließend durch ein feines Sieb passieren. Erst jetzt, wenn nötig, weitere Flüssigkeit zufügen und mit sehr wenig Salz abschmecken. Die Creme sollte nicht flüssig sein.

4) Lauch längs halbieren oder vierteln. Eine beschichtete Pfanne heiß werden lassen, Lauch hineingeben und trocken rösten, wenden und weiterrösten. Erst dann Olivenöl dazugeben, nochmals wenden und weiterrösten, bis die Lauchstangen rundherum kräftig gebräunt sind. Salzen und zur Maiscreme servieren.

DER TRICK Maiskörner können in haushaltsüblichen Küchenmaschinen fast nie so zerkleinert werden, dass sie nicht störende Schalenteile enthalten. Deswegen wird die Creme passiert. Der Aufwand ist in Realität wesentlich geringer als die Vorstellung davon. Probieren Sie es aus!

TIPP Auch Mais aus dem Glas oder aus der Dose kann verwendet werden.

MANGOLD UND PFEFFERCRUMBLES

4 Personen · 25 Minuten · 20 Minuten

Mangold gehört zu den Gemüsen mit einer leicht erdigen Note. Dazu schafft die Süße von Karamell oder Früchten, wie hier den Datteln, einen schönen Ausgleich.

Crumbles:
125 g Butter
1–1,5 TL schwarze Pfefferkörner
180 g Mehl
1 EL Zucker
½ TL Salz

800 g **MANGOLD**,
möglichst mit bunten Stielen
1 EL Butter
½ TL Salz
6 Medjoul **DATTELN**
Condimento bianco

1) Ofen auf 180 °C vorheizen. Kalte Butter in kleine Stücke schneiden. Pfefferkörner nicht zu fein mörsern. In einer Schüssel Mehl, Zucker, Pfeffer und Salz mischen und die Butterstückchen mit den Fingerspitzen rasch unterkneten, bis sich Streusel bilden. Alternativ die genannten Zutaten in der Küchenmaschine verkneten.

2) Ein Blech mit Backpapier auslegen, Crumbles gleichmäßig darauf verteilen. Im vorgeheizten Ofen ca. 12–15 Minuten goldbraun backen.

3) Währenddessen Mangold waschen, Stiele quer in 1 cm breite Streifen schneiden. Die Blätter in ca. gleich große Stücke schneiden.

4) Butter aufschäumen, Stiele und 2–3 EL Wasser zugeben. 5 Minuten zugedeckt garen. Blätter dazugeben, salzen und wieder einige EL Wasser zugießen. Der Mangold soll in ganz wenig Flüssigkeit zugedeckt schmoren ohne auszutrocknen. Nach weiteren 5 Minuten probieren, ob Blätter und Stiele weich sind, evtl. einige Minuten weiterkochen.

5) Datteln in kleine Würfel schneiden und sorgfältig unter den Mangold mischen. Mit Salz und Condimento bianco abschmecken und sofort mit den Crumbles servieren.

DER TRICK Ich backe und serviere Crumbles lieber extra, weil sie sich dann nicht so leicht aufweichen und Reste in einem verschlossenen Behälter aufbewahrt werden können.

EXTRA CRUNCH
Statt 180 g Mehl nur 120 g verwenden und dafür ca. 90 g kleinblättrige Haferflocken dazugeben.

EXTRA FRESH
Joghurt.

EXTRA CHILDY
Doppelt so viel Crumble zubereiten und für die Kinder statt des Pfeffers in eine Hälfte der Masse etwas Vanille hineinkneten.

SELLERIE VOM BLECH MIT APFELKOMPOTT

4 Personen | 5 Minuten | 25 Minuten

Knollensellerie verliert seine Strenge, wenn man ihn nur lang genug im Ofen bäckt.

SELLERIE

1,2 kg Knollen
2 EL Olivenöl
Salz

ÄPFEL

4 mittelgroße säuerliche
1 Spritzer Zitronensaft
2 TL Butter
evtl. Zucker

1) Ofen auf 220 °C vorheizen. Sellerie nur im erdigen Wurzelbereich schälen, Rest der Knolle mit Schale in ca. ½ cm dicke Scheiben schneiden. Auf einem mit Backpapier ausgelegten Blech Olivenöl verteilen. Selleriescheiben nebeneinander darauflegen, einmal wenden und sehr sparsam salzen.

2) Im oberen Drittel des Ofens ca. 25–30 Minuten goldbraun backen. In dieser Zeit das Blech einmal drehen und in den letzten 5 Minuten die Bräunung genau überwachen, damit keine verbrannten Stellen entstehen.

3) Währenddessen 3 Äpfel schälen, entkernen, in Würfel schneiden und in wenig Wasser mit Zitronensaft weich dünsten, Butter unterrühren. Eine Prise Salz und bei Bedarf etwas Zucker zugeben.

4) Den 4. Apfel ungeschält in kleine Würfelchen schneiden und sofort mit Zitronensaft beträufeln. Selleriescheiben mit dem Kompott und den rohen Apfelwürfeln servieren.

DER TRICK Die Scheiben müssen dünn sein, nur dann werden sie rasch durch und gleichzeitig kräftig gebräunt.

TIPP Reicht der Platz nicht für das gesamte Gemüse, zusätzlich ein zweites Blech verwenden. In diesem Fall den Ofen auf 200 °C Umluft einstellen.

EXTRA PROTEIN
Joghurt, Ziegenfrischkäse.

EXTRA CRUNCH
Geröstete und karamellisierte Walnüsse.

EXTRA CARBS
Zitronenpolenta, als »Burger« mit Mayo zwischen 2 Brotscheiben oder auf geröstetem Brot als Crostini.

EXTRA AROMA
Zitronenzesten, Zitronenmayo.

SÜSSKARTOFFELSCHMARREN MIT KERNÖL-SAUERKRAUT

4 Personen 10 Minuten 5 Minuten 15 Minuten

Sie haben richtig gesehen – das sind drei Zutaten! Bei diesem Rezept musste ich ausnahmsweise ein wenig schummeln: Eier machen den Schmarren einfach fluffiger und knuspriger.

650 g **SÜSS-KARTOFFELN**
½ TL Salz
Pfeffer
200 g Mehl
4 TL Backpulver
2 **EIER**
500 g **SAUERKRAUT**
1–2 TL Ahornsirup
3 EL Kernöl
1 Spritzer Zitronensaft
Butter zum Backen

1) Ofen auf 60 °C vorheizen. Süßkartoffeln schälen, in ca. 1 cm große Würfel schneiden, knapp mit Wasser bedecken (ca. 500 ml) und in ca. 5 Minuten weich kochen. Kurz abkühlen lassen und mit Salz, reichlich Pfeffer, Mehl, Backpulver und Eiern mit dem Pürierstab mixen. Mit Wasser verdünnen, bis die Konsistenz wie bei Pfannkuchenteig ist.

2) Kraut kurz kalt abspülen, kräftig ausdrücken und mit einer Schere in der Schüssel in kurze Stücke schneiden.

3) Aus 1 TL Ahornsirup, Pfeffer, Kernöl und Zitronensaft eine Marinade rühren, mit dem Sauerkraut mischen. Mit Zitronensaft und Ahornsirup abschmecken.

4) Eine mittelgroße beschichtete Pfanne erhitzen. 1 TL Butter aufschäumen lassen, eine Kelle Teig hineingießen und backen, bis die Oberfläche gestockt ist. Wenden, weiterbacken, bis die zweite Seite ebenfalls schön gebräunt ist. Mit einer Holz- oder Plastikschaufel in Stücke teilen, kurz weiterrösten, dann warm stellen. Mit dem Rest der Masse ebenso verfahren. Mit dem marinierten Sauerkraut servieren.

TIPP Das Kraut darf nur einen Hauch Süße haben und keinesfalls wie eine Süßspeise schmecken.

EXTRA CRUNCH
Geröstete Kürbiskerne, Radieschenstifte.

EXTRA SPICY
1 feinst gehackte Chilischote in den Teig mischen.

EXTRA FRESH
Joghurt oder saure Sahne.

EXTRA PROTEIN
Brat-, Leber- und Blutwurst, Schweinebraten oder -koteletts, gekochtes Rindfleisch, gekochter Schinken,geräucherter Fisch.

ZUCCHINI MIT KNUSPRIGEN KAPERN

4 Personen 15 Minuten 10 Minuten

Kleine Kapern entwickeln sich zu Geschmacksbomben, wenn sie knusprig geröstet werden. Ich mag Salzkapern am liebsten, ich finde, sie schmecken besser als eingelegte.

100 g kleine **KAPERN** (Abtropfgewicht)
800 g **ZUCCHINI**
Olivenöl
Pfeffer
1 EL Butter
1 Zitrone in Spalten

1) Ofen auf 70 °C vorheizen. Eine Platte darin warm stellen. Kapern in einem Sieb gründlich spülen und in ein Gefäß mit reichlich kaltem Wasser geben, um sie zu entsalzen.

2) Zucchini mit einem Sparschäler oder einer Mandoline längs in sehr dünne Bänder hobeln.

3) Kapern abseihen und in Küchenpapier fest ausdrücken.

4) Eine große Pfanne mit schwerem Boden sehr heiß werden lassen und die Zucchini in 4 Portionen mit ganz wenig Olivenöl kurz braten, dabei immer wieder wenden und pfeffern (pro Portion nicht viel länger als ½ Minute). Warm stellen, bis alle Zucchini geröstet sind.

5) In derselben Pfanne die abgetrockneten Kapern bei großer Hitze rösten, bis sie beginnen knusprig zu werden. Butter zugeben und kurz weiterrösten.

6) Zucchini anrichten und mit Kapern, Zitronenspalten und extra Olivenöl sofort servieren. Erst bei Tisch salzen, sobald klar ist, ob es trotz der Kapern zusätzlich Salz braucht.

DER TRICK Die Kapern müssen wirklich heiß und knusprig sein. Also auf keinen Fall zu früh mit dem Gemüse mischen oder kalt werden lassen! Wird das Gericht lauwarm gegessen, müssen trotzdem die Kapern frisch geröstet werden.

EXTRA PROTEIN

Lammkoteletts, Schweinekotelett, jeder gebratene oder gedämpfte Fisch.

EXTRA CARBS

Mit gekochten breiten Pappardelle und Olivenöl mischen, dann mit den Kapern bestreuen. Zu Polenta, speziell zu gebratenen Polentascheiben.

EXTRA HERBS

Abgezupfte Petersilienblättchen, gehackter Zitronen-thymian.

KARAMELLISIERTE ZWIEBELN MIT PILZEN UND ZWIEBELPICKLES

4 Personen | 10 Minuten | 45 Minuten

Langsam mit Geduld geschmorte Zwiebel entwickeln eine feine Süße und phantastische Röstaromen, ganz anders als rohe Zwiebeln.

1 kg rote **ZWIEBELN**

Pickles-Marinade:
½ TL Ahornsirup
¼ TL Salz
Schale und Saft von 1 Bio-Limette

Olivenöl
1 EL Butter
3 EL Condimento rosso
½ TL Salz
500 g Stein**PILZE** oder Kräuterseitlinge
Pfeffer

1) Zwiebeln schälen und klein würfeln.

2) 6 EL von den Zwiebeln abnehmen und sehr klein hacken. In einer Schüssel mit kochendem Wasser übergießen, 1 Minute stehen lassen, abseihen. Mit Sirup, Salz, Limettensaft und -schale verrühren.

3) 1 EL Olivenöl und Butter in einem weiten Topf zerlassen, Zwiebeln dazugeben und bei kleiner Hitze schmoren, alle 4–5 Minuten umrühren. Nach ca. 15 Minuten Condimento rosso und Salz unterrühren und weiterköcheln lassen, bis die Zwiebeln wie Marmelade aussehen und auch eine ähnliche Konsistenz haben. Dabei nur noch alle 10 Minuten umrühren. Nur wenn unbedingt nötig, etwas Wasser zugeben.

4) Pilze in Scheiben schneiden, in einer beschichteten Pfanne in Olivenöl bei starker Hitze von beiden Seiten braten. Mit Salz und Pfeffer würzen, mit Zwiebelmarmelade und Pickles servieren.

DER TRICK Zwiebeln nur selten umrühren! Sie können sonst nicht karamellisieren und enden langweilig.

TIPP Von den Zwiebeln gleich größere Mengen zubereiten. Sie halten in Schraubdeckelgläsern im Kühlschrank locker 2 Wochen (wenn man sie mit Olivenöl oder flüssiger Butter bedeckt, noch länger) und lassen sich in verschiedensten Gerichten als intensives Geschmackselement einbauen.

EXTRA CARBS Krustiges Sauerteigbrot.

EXTRA HERBS Zitronenthymian, Rosmarin.

EXTRA FRESH Rucola und Endivien.

Die prachtvolle, dunkel glänzende Schale ist der wichtigste Teil, denn sie enthält einen ganz besonderen, eher seltenen Stoff: Nasunin. Dieser Radikalfänger, ein blauroter Farbstoff, schützt Zellwände und DNA, insbesondere auch von Gehirnzellen. Er wirkt antientzündlich und unterstützt die Aufnahme von Nährstoffen sowie auch die Entgiftung von Schwermetallen.

AUBERGINEN

SAUERKRAUT

Sauerkraut war früher in unseren Breiten das Nahrungsmittel, das den Menschen geholfen hat, den Winter gesund zu überstehen, bis mit dem Frühling das erste frische Grün auf den Wiesen und auf den Tellern erschien. Heute wissen wir, dass die »guten« Bakterien in fermentierten Nahrungsmitteln eine gesunde Darmflora fördern und dadurch nicht nur einen großen Teil des Immunsystems steuern, sondern über die Darm-Gehirn-Achse auch geistige Funktionen und sogar die Stimmung beeinflussen.

Ein besonderer Inhaltsstoff von Zwiebeln ist Quercetin, das sich v.a. in den Schalen findet, weshalb es sich lohnt, sie mitzukochen. In Suppen und Saucen geben sie bereitwillig ihren Nährstoff ab und können dann herausgefischt werden. So profitiert man von ihren antiallergischen Eigenschaften, von ihrem Einfluss auf Cholesterin, Blutdruck, Entzündungen und Krebs. Zwiebeln behalten die meisten ihrer Inhaltsstoffe auch beim Kochen, das ihre starken, aber wirksamen Schwefelaromen in wunderbare Süße verwandelt.

ZWIEBELN

3 Die besonders FRISCHEN

SEITE 78-99

BROKKOLI MIT WASABIGREMOLATA

4 Personen 15 Minuten 5 Minuten 3 Minuten

Diesen supereinfachen Brokkoli könnte ich jeden Tag essen. Kühl und erfrischend, heiß und scharf, allein, als Begleitung, simpel oder elegant – er macht in jeder Rolle eine gute Figur.

1 kg **BROKKOLI**
1 Pr. Natron
2 TL Salz

Gremolata:
2 große Bio-Zitronen
3 TL **WASABI**paste
¾ TL Salz
1,5 TL Ahornsirup
4 EL Olivenöl

1) In einem großen Kochtopf reichlich Wasser zum Kochen bringen. Brokkoli in Röschen teilen, ca. 100 g Brokkoli für die Gremolata beiseitelegen. Stängel schälen und in Stücke schneiden.

2) Natron, Salz und die Hälfte des Brokkoli mitsamt den Stielen in das Wasser geben, 2 Minuten kochen lassen. Mit einem Sieblöffel herausheben und in einem Sieb abtropfen lassen. Mit dem restlichen Brokkoli gleich verfahren.

3) Für die Gremolata von den Zitronen die Schale mit dem Zestenreißer abziehen, von ½ Zitrone den Saft auspressen. Rohen Brokkoli und Zitronenzesten im Blitzhacker zerkleinern. Wasabi mit Salz, Sirup und Zitronensaft vermischen, Olivenöl unterrühren und Brokkoli-Zitronen-Gemisch unterheben. Nochmals mit Salz, Zitronensaft und Sirup abschmecken.

4) Brokkoli nach Belieben etwas kleiner schneiden, noch lauwarm mit der Gremolata mischen und servieren. Wenn nötig, kann die Gremolata mit etwas Wasser verdünnt werden, um sich besser mit dem Brokkoli mischen zu lassen. Extra Olivenöl auf den Tisch stellen.

VARIANTE Statt mit Wasabi mit sehr fein geriebenem frischem Meerrettich zubereiten.

EXTRA CRUNCH
Gerösteter Sesam, Erdnüsse.

EXTRA PROTEIN
Steaks, Roastbeef, gekochtes Rindfleisch (warm oder kalt), Fisch.

EXTRA CARBS
Sobanudeln, Reisnudeln, Risotto.

EXTRA FUN
In Reispapierblätter füllen und Summerrolls damit machen.

GEBRATENER EISBERGSALAT MIT MEERRETTICH UND KERNÖL

4 Personen | 5 Minuten | 5 Minuten | 2 Minuten

Gebratener Salat ist überraschend reizvoll: warm und doch crunchy, geröstet und doch frisch, Salat und gleichzeitig Gemüse, kurzum das Beste aus beiden Welten. Meerrettich und Kernöl geben Würze und Substanz.

2 mittelgroße, feste
EISBERGSALATE

ca. 8 cm frischer
MEERRETTICH,
mitteldick

Salz

Pfeffer

3 EL Aceto balsamico

6 EL Kürbiskernöl

1) Salate längs halbieren und jede Hälfte in je 3–4 Spalten teilen, dabei den Strunk nicht wegschneiden, sonst halten die Stücke nicht zusammen.

2) Meerrettich schälen und fein reiben.

3) Eine große, beschichtete Pfanne sehr heiß werden lassen und die Salatspalten auf einer Seitenfläche hineinlegen. Bei starker Hitze ohne Fett ca. 1–2 Minuten rösten, bis die Flächen schön gebräunt sind, vorsichtig auf die andere Seite wenden und ebenfalls bräunen. Salzen, pfeffern und mit 1 EL Balsamico ablöschen.

4) Auf einer Platte anrichten, restlichen Balsamico und Kernöl darübergeben und mit dem geriebenen Meerrettich bestreuen. Sofort servieren!

DER TRICK Nur ganz feste, geschlossene Salatköpfe funktionieren in diesem Gericht.

EXTRA PROTEIN

Gekochtes, kaltes, dünn aufgeschnittenes Rindfleisch, Spiegeleier mit Speck, gekochte oder gebratene Würste, Blutwurst, schwarze Linsen, Bohnen (v.a. Käferbohnen).

EXTRA CARBS

Gekochte Kartoffeln, Bratkartoffeln, Folienkartoffeln mit saurer Sahne, gutes Brot zum Tunken.

EXTRA CRUNCH

Geröstete Kürbiskerne.

GEBACKENER KÜRBIS MIT ROHEM APFELMUS

4 Personen · 5 Minuten · 15 Minuten · 3 Minuten

Für dieses Gericht können fast alle Kürbisarten verwendet werden, auch sehr stärkehaltige wie Hokkaido. Der rohe Apfel steuert zuverlässig frisch und fröhlich dagegen. Besonders geeignet sind kleine, feste Sorten wie Delicata oder Sweet Dumpling.

KÜRBIS

1 kg Kürbis
Salz
1 EL Olivenöl
1 Bio-Limette

ÄPFEL

3 säuerliche Äpfel
evtl. Ahornsirup
Pfeffer
fruchtiges Olivenöl oder Kürbiskernöl zum Beträufeln

1) Ofen auf 220 °C vorheizen. Kürbis wenn nötig schälen, halbieren, Kerne und Fäden mit einem Löffel auskratzen und das Kürbisfleisch in Spalten oder Scheiben schneiden.

2) Auf einem mit Backpapier ausgelegten Blech anordnen, salzen und Olivenöl darüberträufeln. Stücke im Öl wenden. Im oberen Drittel des Ofens 10–15 Minuten backen, bis der Kürbis gerade durch ist und vereinzelt dunkle Stellen bekommt. Dazwischen das Blech einmal wenden (Vorderseite nach hinten). Herausnehmen und etwas abkühlen lassen.

3) Währenddessen die Schale der Limette mit einem Zestenreißer abziehen. Äpfel ungeschält fein reiben und sofort mit etwas Limettensaft mischen (Limettensaft nur in Miniportionen zugeben, da der Apfel leicht zu sauer wird). Evtl. mit Ahornsirup abschmecken.

4) Kürbis mit Öl beträufeln, geriebenen Apfel in die Kürbisviertel bzw. auf den Scheiben verteilen, pfeffern, mit Limettenzesten bestreuen und sofort servieren.

TIPP Reicht der Platz nicht für das gesamte Gemüse, ist es besser, zusätzlich ein zweites Blech zu verwenden. In diesem Fall den Ofen auf 200 °C Umluft einstellen.

EXTRA PROTEIN
Schwein, Ente, Lamm.

EXTRA CRUNCH
Geröstete Haselnüsse.

EXTRA HERBS
Rosmarin, Thymian, Zitronenverbene.

ROTE RÜBEN MIT GEBRATENEN KUMQUATS

4 Personen als Snack — 15 Minuten

In der superschnellen Version, bereits gekocht und vakuumiert, sind rote Rüben ein Tipp für Tage, an denen man nicht einmal zum Einkaufen kommt.

1 EL Condimento bianco
½ EL Sojasauce
½–1 EL Ahornsirup
Olivenöl
Salz
Pfeffer
ca. 500 g gekochte **ROTE RÜBEN**
12 Bio-**KUMQUATS**

1) In einer Schüssel aus Condimento bianco, Sojasauce, Sirup und 1 EL Olivenöl eine Vinaigrette rühren, abschmecken.

2) Rote Rüben in dünne Scheiben oder in Spalten schneiden und mit der Vinaigrette mischen.

3) Kumquats in dünne Scheiben schneiden, evtl. die Kerne entfernen. Eine beschichtete Pfanne erhitzen und die Kumquatscheiben zunächst trocken rösten, dann einen Spritzer Olivenöl dazugeben, umdrehen und weiterrösten, bis sie auf beiden Seiten gebräunt und karamellisiert sind.

4) Rote Rüben anrichten und mit den Kumquatscheiben belegen.

VARIANTE Es gibt viele herrliche Alternativen zu den Kumquats: Orangen, Mandarinen oder Clementinen. Auch sie werden mit Schale in Scheiben geschnitten und gebraten. Im Sommer nehme ich gern auch z.B. rohe Himbeeren zu den ersten Rüben oder in Butter gebratene Pfirsichspalten. Dann mache ich die Vinaigrette ohne Sojasauce und Sirup, dafür mit etwas gehacktem Rosmarin.

EXTRA CARBS
Weißbrot.

EXTRA PROTEIN
Ziegenfrischkäse, Joghurt.

COLESLAW MIT HEIDELBEEREN

4 Personen 10 Minuten Ziehzeit 15 Minuten

Dieser Salat hat eine spektakuläre Farbe, ist knackig und überraschend. Wer erwartet schon Heidelbeeren im Rotkohl! In der Saison sind sie aus Wildsammlung am besten.

500 g **ROTKOHL**
1 Bio-Limette
½ TL Salz
Pfeffer
1 EL Condimento bianco
2 TL Ahornsirup
2 EL Olivenöl
200 g **HEIDELBEEREN**

1) Rotkohl fein hobeln oder schneiden.

2) Limettenschale fein abreiben, Limette auspressen und mit den restlichen Zutaten zu einer Marinade verrühren. Mit dem Rotkohl mischen und 10–15 Minuten ziehen lassen.

3) Vor dem Servieren die Heidelbeeren unterheben und nochmals abschmecken.

TIPP 1 EL Heidelbeeren mit der Gabel zerdrücken und unter die Marinade mischen, das intensiviert das Aroma.

VARIANTE Statt Olivenöl Haselnuss- oder Walnussöl verwenden.

EXTRA CARBS
Maisbrot, Polenta, salziges Brioche.

EXTRA CRUNCH
Geröstete, karamellisierte Walnüsse, geröstete Haselnüsse, rohe Apfelstifte.

EXTRA PROTEIN
Schweinebraten, Pulled Pork, Hackfleisch, Burger, Kebab, Ente, Gans, Lamm, Räuchertofu, Seidentofu, Frischkäse, Joghurt.

EXTRA CHIC
Mit getrockneten Rosenblüten bestreuen.

SCHWARZKOHL AUF GUACAMOLE

4 Personen 20 Minuten 5 Minuten 5 Minuten

Wie für die meisten Kohlgerichte lassen sich auch hier verschiedene Kohlsorten verwenden. Mein Favorit ist Schwarzkohl, in Italien als Cavolo nero, in den USA als Lacinato Kale bekannt, und, wie auch hierzulande, auf Bauernmärkten erhältlich.

800 g **SCHWARZ-KOHL**
(oder Grünkohl oder Wirsing)
1 Msp. Natron
Salz
1 Bio-Zitrone
1 EL Condimento bianco
Pfeffer
2–3 EL Olivenöl
4 **AVOCADOS**

1) Einen großen Topf mit Wasser zum Kochen bringen. Von den Kohlblättern die Rippen herausschneiden, den untersten holzigen Teil der Rippen wegwerfen, den Rest in ganz dünne Scheibchen schneiden, sie bleiben roh und geben extra Crunch. Ca. 1 Handvoll Blätter quer in feine kurze Streifen schneiden und mit den geschnittenen Rippen beiseitestellen, sie bleiben ebenfalls roh.

2) Natron und 2 TL Salz ins Wasser geben, Blätter portionsweise 2 Minuten kochen. Mit einem Sieblöffel herausnehmen und in einem Sieb abtropfen. Flüssigkeit gründlich ausdrücken, die Blätter in mundgerechte Streifen schneiden.

3) Zitronenschale mit einem Zestenreißer abziehen, fein hacken und mit Condimento bianco, Salz, Pfeffer und Olivenöl in einer Schüssel verrühren.

4) 2 Avocados mit Salz, Pfeffer und etwas Zitronensaft grob zerdrücken. Die anderen beiden Avocados schälen und in Spalten schneiden. Mit etwas Zitrone beträufeln und salzen.

5) Gekochten und rohen Kohl in die Schüssel geben und mischen. In Portionen oder auf einer großen Platte anrichten: zuunterst Guacamole, darauf den Kohl mit Avocadospalten.

DER TRICK Kohl verfärbt sich nach dem Kochen braun, wenn er mit Säure in Berührung kommt. Daher Kohl in letzter Sekunde mit Marinade mischen.

EXTRA PROTEIN
Pochierte oder wachsweiche Eier, Lammkoteletts, Bresaola, Pastrami.

EXTRA FUN
Mit Reispapierblättern (direkt bei Tisch) kann jeder seine individuellen Summerrolls herstellen.

EXTRA CARBS
Quinoa, Süßkartoffelchips, Blinis aus roten Linsen, Socca (s. S. 142), gebratene Polentascheiben.

EXTRA CRUNCH
Sesam, Kürbiskerne, Sonnenblumenkerne oder geröstete Erdnüsse.

STANGENSELLERIE AUF PISTAZIENCREME

4 Personen 20 Minuten 5 Minuten

Hier ist Handarbeit gefragt. Pistaziencreme gibt es nur selten zu kaufen und wenn, dann unterscheidet sie sich deutlich von dieser hausgemachten: Es lohnt sich also!

250 g ungesalzene **PISTAZIEN** mit Schale

4 mittlere Stangen **SELLERIE**

Salz

2 EL Condimento bianco

3 EL Wasser

4–5 EL Olivenöl

Zitronensaft

1) Pistazien schälen und in einer beschichteten Pfanne trocken rösten, bis sie duften.

2) Sellerie schräg in spitzem Winkel in sehr dünne, lange Scheiben schneiden und in eine Schüssel mit eiskaltem Wasser legen. Zarte, helle Sellerieblättchen abzupfen und beiseitestellen.

3) Pistazien mit ¼ TL Salz, Condimento bianco und Wasser pürieren. Öl untermixen. Die Konsistenz sollte leicht cremig sein. Bei Bedarf noch etwas Wasser zugeben. Mit Salz abschmecken.

4) Sellerie gut abtropfen lassen, mit etwas Zitronensaft und Olivenöl mischen. Pistaziencreme auf 4 Tellern verstreichen, Sellerie mit Blättchen darauf anrichten.

TIPP Wenn Sie geschälte Pistazien zu einem annehmbaren Preis bekommen, greifen Sie zu. Sie lassen sich wie alle Nüsse sehr gut tiefkühlen. Als Ersatz eignen sich am ehesten ungeschälte Mandeln.

EXTRA CARBS

Knuspriges Weißbrot. Oder mit kurzer Pasta mischen.

EXTRA AROMA

Parmesanspäne.

WASSERMELONENGAZPACHO

8–10 Personen als Snack   Melone am Vortag kühl stellen   15 Minuten   5 Minuten

Eine erfrischende kalte Suppe, die einige Tage perfekt im Kühlschrank hält und im Sommer oft eine willkommene Abkühlung ist. Deswegen mache ich meist gleich eine größere Menge.

1,5 kg **WASSERMELONE**
30 g frischer **INGWER** (ca. 9 cm von einer schlanken Wurzel)
¾ TL Salz
Pfeffer
1 EL Olivenöl
1 EL Condimento bianco
Saft von 1 Zitrone

1) Wassermelone schälen (etwas von der weißen Schicht belassen), große Kerne entfernen. Kleine Kerne (ca. 5 mm) können bleiben.

2) Ingwer schälen und fein reiben.

3) Alle Zutaten und 300 ml Wasser im Standmixer fein pürieren.

4) Abschmecken und am besten im Glas servieren. Zum Aufbewahren in einem Schraubdeckelglas kühl stellen. Vor dem Servieren gut aufschütteln.

DER TRICK Wenn keine Zeit zum Kühlen der Melone ist, die Hälfte des Fruchtfleischs in kleinen Stücken tiefkühlen und im gefrorenen Zustand mit den übrigen Zutaten mixen.

Oder weniger Wasser verwenden und die Suppe auf Eiswürfeln servieren.

EXTRA CRUNCH
Auf Spießchen kleine Gurkenstücke auffädeln und zum Knabbern dazu servieren.

EXTRA SPICY
Etwas Chili (getrocknet oder frisch) mitmixen. Vorsichtig dosieren!

EXTRA FRESH
¼ der Melone durch geschälte Gurke ersetzen.

WASSERMELONE MIT MARINIERTEN AUBERGINEN

4 Personen als Snack | 10 Minuten | 15 Minuten | Abkühlen ca. 30 Minuten | 5 Minuten

Ein leichtes Sommergericht, das am besten gut gekühlt serviert wird. Die Auberginen werden gedämpft oder gekocht und dann mariniert. Den Kick steuert die Limette bei.

1 kg **WASSER-MELONE**

600 g **AUBERGINEN**

Marinade:
2 EL Sojasauce
4 EL Condimento bianco
1 EL Ahornsirup
1 TL Oliven- oder Sesamöl

2 Bio-Limetten
Pfeffer

1) Wassermelone in 4 Spalten schneiden und kalt stellen.

2) Auberginen längs halbieren, quer in ca. 1 cm dicke Scheiben schneiden. Nebeneinander in 1–2 Dampfgarkörbe legen, über kochendem Wasser bei starker Hitze ca. 15–20 Minuten durch und durch weich garen. Auch die Haut muss sich ganz leicht schneiden lassen (wer keine Dampfgarkörbe hat, kocht wie auf S. 50 im Tipp beschrieben).

3) Alle Zutaten für die Marinade verrühren.

4) Auberginen eng in ein nicht zu großes Gefäß schichten und mit der Marinade übergießen. In den Kühlschrank zum Abkühlen stellen. Nach der Hälfte der Zeit die oberen Stücke nach unten wenden.

5) Melone aus der Schale schneiden, Kerne entfernen und das Fruchtfleisch ebenfalls quer in ca. 1 cm dicke Scheiben schneiden.

6) Schale beider Limetten fein abreiben, 1 Limette auspressen. Auberginen aus der Marinade nehmen und etwas abtropfen lassen. Melone mit Limettensaft beträufeln und mit der geriebenen Schale bestreuen. Mit den Auberginen anrichten und pfeffern.

VARIANTE Für eine helle Marinade ohne Sojasauce 2 EL Limettensaft mit 2 EL Zucker, Salz, 1 TL Olivenöl und 2 EL heißem Wasser mischen. Die Auberginen bleiben hell mit einem rosa gefärbten Rand, schmecken frisch und sehr dezent.

EXTRA PROTEIN
Seidentofu.

EXTRA CRUNCH
Pistazien oder gesalzene Erdnüsse grob zerkleinern und darüberstreuen.

EXTRA HERBS
Einige wenige Estragonblättchen oder Koriander darüberzupfen.

WEISSKOHL MIT RHABARBER

4 Personen | 10 Minuten | 8–10 Minuten | 5 Minuten

Ich freue mich jedes Jahr auf den ersten Rhabarber. Schade, ihn nur für Süßspeisen zu verwenden – er verleiht salzigen Gerichten einen spannenden Twist, besonders wenn er auch roh vorkommen darf, wie in diesem Weißkohlrezept.

1 kg junger **WEISSKOHL**
350 g **RHABARBER**
2 EL Butter
Salz
Pfeffer
1 EL Zucker
Condimento bianco
1–2 TL Ahornsirup

1) Weißkohl fein schneiden oder hobeln. ⅓ beiseitestellen, es bleibt roh. Rhabarber ungeschält kleinwürfelig schneiden, die Hälfte ebenfalls beiseitestellen.

2) Die restlichen ⅔ des Kohls in Butter knapp weich schmoren. Hälfte der Rhabarberwürfel, 1 TL Salz, Pfeffer und Zucker dazugeben und 2–3 Minuten weiterdünsten. Mit Salz und Zucker abschmecken, evtl. mit einem Spritzer Condimento bianco abrunden.

3) Rohen Rhabarber und rohen Kohl mischen, nach und nach ¼–½ TL Salz und Ahornsirup zugeben, dazwischen immer wieder probieren.

4) Zum Anrichten etwas gekochten Kohl auf den Teller geben und mit der rohen Kohl-Rhabarber-Mischung toppen.

DER TRICK Obwohl Rhabarber als sehr sauer gilt, braucht er meist noch eine andere Säureart, um die richtige Balance herzustellen (hier Condimento bianco). Zucker und Ahornsirup wirken ebenfalls an dem reizvollen Wechselspiel der Kräfte mit. Aber alles mit Vorsicht!

EXTRA AROMA

1 Msp. Bourbonvanille unterrühren oder ½ Vanilleschote längst halbieren, Vanillemark auskratzen. Schote und Mark mit dem Rhabarber mitkochen.

EXTRA PROTEIN

Sehr gut zu Schweinebraten, Ente, Wild, Fisch, gebratenen Würsten.

EXTRA CARBS

Serviettenknödel, Kartoffelknödel, mit Grieben gefüllte Knödel, Rösti, Kartoffelpuffer.

KÜRBIS

Die Quelle schlechthin für Karotinoide im Herbst und Winter! So werden die gelben, roten und orangen Farbstoffe genannt, die berühmt sind für ihre antioxidative Wirkung in der Vorbeugung von Augen- und Herzkreislauferkrankungen und Infektionen. Sehr prominent sind sie auch als Krebs-Risikosenker!

Eine Besonderheit unter vielen hervorragenden Eigenschaften der roten Knollen ist die Erhöhung des Stickoxid-Gehalts im Blut und dadurch eine verbesserte Durchblutung, sowohl in der Peripherie als auch im Gehirn, bei gleichzeitiger Senkung des Blutdrucks. Das kommt Sportlern ebenso zugute wie älteren Menschen. Die blauroten und orangen Farbstoffe der Betalaine sind verantwortlich für die hervorragende Wirkung gegen freie Radikale und Entzündungen.

ROTE RÜBEN

Absoluter Gesundheits-Spitzenplatz! Als Mitglied der Kreuzblütlerfamilie ist er ein besonders effektiver Krebsvorbeuger und -bekämpfer, speziell bei Brust- und Prostatakarzinom. Kreuzblütler können Gene steuern und ihre Antioxidantien kontrollieren die Apoptose, den programmierten Zelltod. Sie enthalten hohe Mengen des für die Knochen sehr wichtigen Vitamins K und wirken als Cholesterin- und Blutdruckregulatoren. Roh genossen liefern sie doppelt so viel Vitamin C wie Orangen. Röschen, Stamm und Blätter enthalten unterschiedliche Stoffe – also alles mitessen!

BROKKOLI

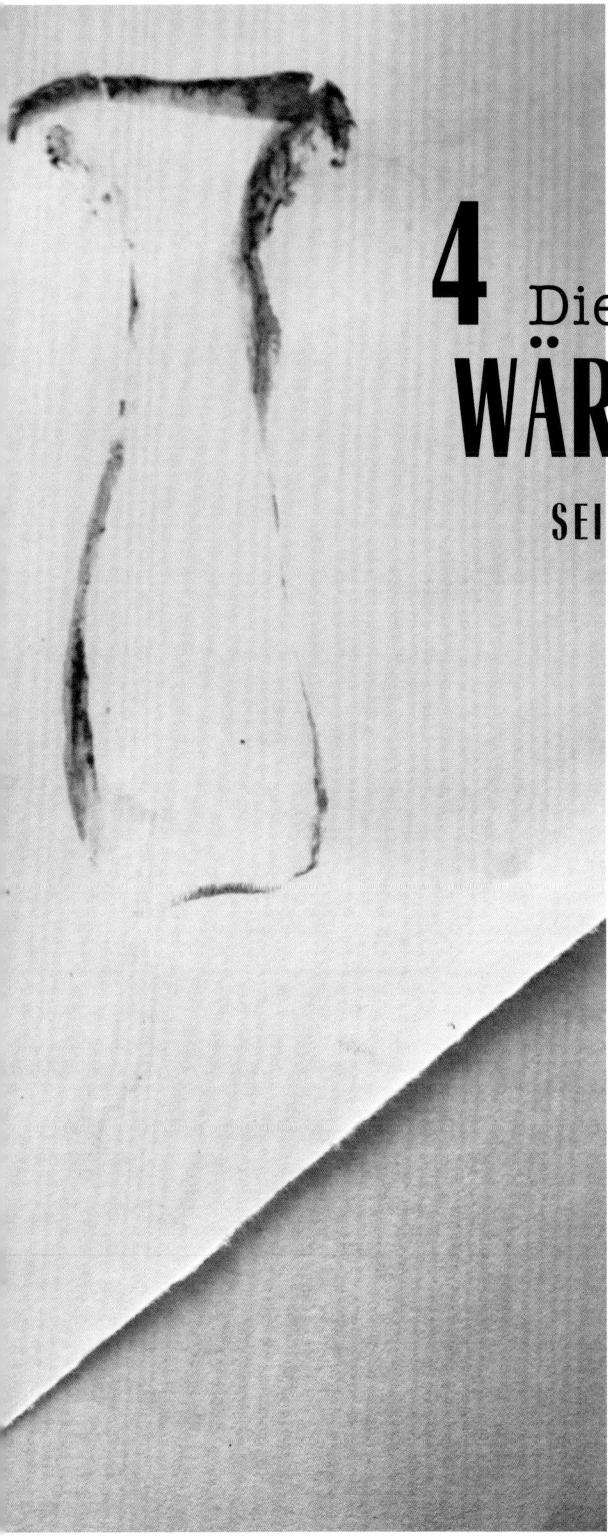

4 Die besonders WÄRMENDEN

SEITE 102–121

OFENGERÖSTETER BLUMENKOHL MIT PIMENTÓNPÜREE UND BLUMENKOHLPICKLES

4 Personen | 15 Minuten | 20 Minuten | 5 Minuten

Appetitlich braun geröstet, rauchig, cremig, knusprig und süßlich-sauer. Das würde man einem simplen Blumenkohl gar nicht zutrauen.

ca. 1500–1800 g **BLUMENKOHL**

Pickles-Marinade:
200 g Blumenkohlröschen
¾ TL Salz
8–10 Pfefferkörner
1,5 EL Ahornsirup
1 Msp. Chilipulver
¼ TL Pimentón mild
150 ml Condimento bianco
80 ml Wasser

1 TL Salz
2 TL **PIMENTÓN** mild (geräuchertes Paprikapulver)
2 EL Olivenöl
2 EL Butter
2 TL Ahornsirup
Pfeffer

1) Ofen auf 220 °C vorheizen. Blumenkohlblätter entfernen, schöne zarte Blätter aufheben. Strunk herausschneiden. Blumenkohl in Röschen teilen.

2) 200 g vom Blumenkohl in sehr kleine Röschen teilen und in ein passendes Schraubdeckelglas füllen. Alle anderen Zutaten für die Pickles zusammen in einem Topf aufkochen, über den Blumenkohl gießen. Glas verschließen und Blumenkohl mindestens 30 Minuten durchziehen lassen.

3) Für die Pickles-Marinade Salz, Pimentón und Öl in einem 6 l fassenden Tiefkühlbeutel mischen, Blumenkohl dazugeben. Beutel oben verschlossen halten, mit der anderen Hand von außen mischen, bis alle Blumenkohlrosen mit Marinade überzogen sind. Auf einem mit Backpapier ausgelegten Blech ausbreiten. Blumenkohlblätter in den Beutel geben, ebenfalls mischen, sodass auch sie von Marinade überzogen sind. Beiseitestellen.

4) Blumenkohl im oberen Drittel des Ofens 10 Minuten rösten. Blumenkohl wenden, die Blätter dazulegen. Nochmals für 5–10 Minuten rösten, bis alles schön gebräunt ist und die Blätter knusprig sind.

5) Etwas weniger als die Hälfte des Blumenkohls mit Butter und Ahornsirup pürieren und mit heißem Wasser auf die gewünschte cremige Konsistenz bringen. Mit Salz, Pfeffer und Pimentón abschmecken.

6) In tiefen Tellern anrichten, gebackene Blumenkohlrosen und Blätter obenauf geben und mit einigen Pickles bestreuen. Restliche Pickles extra dazu servieren.

EXTRA PROTEIN
Huhn.

EXTRA CARBS
Fladenbrot, Sauerteigbrot.

EXTRA HERBS
Zitronenthymian, Petersilie, Koriander, Majoran.

TERYAKIKAROTTEN AUF ZUCCHINICARPACCIO

4 Personen | 10 Minuten | 5 Minuten | 5 Minuten

Die Inspiration für dieses Gericht war unser Coverpaar, die Rezeptentwicklung war eine Gemeinschaftsproduktion mit meinen Kindern – et voilà, ein neues Lieblingsgericht war fertig.

Teryakisauce:
2,5 EL Sojasauce
1 EL Condimento bianco
2 EL Wasser
4 EL Ahornsirup

400 g **KAROTTEN**, möglichst mit Grün
4 **ZUCCHINI** à 200 g
Salz
Olivenöl
1 Bio-Limette

1) Alle Zutaten für die Teryakisauce in einem mittelgroßen Kochtopf aufkochen. Einige Minuten schwach kochen lassen, bis eine leicht sirupartige Konsistenz erreicht ist.

2) 300 g Karotten längs vierteln und schräg quer in Stäbchen schneiden. In der Teryakisauce ca. 5 Minuten bissfest köcheln. Auf einem Teller abtropfen lassen.

3) Zucchini schräg quer in dünne Scheiben schneiden oder hobeln und auf 4 Tellern auflegen. Leicht salzen und mit Olivenöl beträufeln.

4) Limettenschale abreiben und beiseitestellen. Limette auspressen.

5) Restliche Karotten sehr fein reiben und mit Salz, etwas Limettensaft und einem Spritzer Olivenöl gründlich mischen.

6) Restlichen Limettensaft über die Zucchini träufeln, Teryakikarotten darauf anrichten, jeweils 1 EL rohe Karotten dazugeben. Mit Limettenschale bestreuen und einzelne Blättchen vom Karottengrün darüberzupfen.

VARIANTE Unter dem Backofengrill oder in der Pfanne gebratene, etwa 3–5 mm dicke Zucchinischeiben machen daraus ein feines warmes Gericht.

EXTRA PROTEIN
Frischkäse, evtl. in Zucchiniblüten gefüllt.

EXTRA CRUNCH
Gerösteter Sesam, gerösteter Schwarzkümmel.

EXTRA ELEGANT
Zucchiniblüten mit den rohen Karotten füllen.

KARTOFFELN MIT GEWÜRZGURKEN

4 Personen | 10 Minuten | 10 Minuten | 5 Minuten

Meine Oma nannte dieses Gericht »Einbrennte Erdäpfel«: Sie hat Kartoffeln (Erdäpfel) mit Mehlschwitze (Einbrenn) gebunden. Ein durch und durch gemütliches Essen, das man am besten direkt aus dem Reindl (Kochtopf) löffelt.

1 kg größere festkochende
KARTOFFELN

Salz

1 Glas kleine, feste
GEWÜRZ-GURKEN
(Abtropfgewicht ca. 300 g)

40 g Butter

Pfeffer

1) Kartoffeln schälen und in Scheiben schneiden. Mit kaltem Wasser gerade so bedecken, 1,5 TL Salz hinzufügen und die Kartoffeln weich kochen.

2) Währenddessen Gurken in Scheiben schneiden.

3) Von den Kartoffeln 200 ml Wasser abgießen und beiseitestellen. Butter zu den Kartoffeln und der restlichen Flüssigkeit geben und mit dem Mixstab nur an einer Stelle 2–3 Sekunden pürieren, um eine leichte Bindung zu erzeugen. Umrühren und kontrollieren, ob die Konsistenz richtig ist, wenn nicht, noch etwas mehr pürieren. Bei Bedarf etwas von dem beiseitegestellten Kochwasser hinzufügen.

4) Gurken dazugeben, mit Salz, wenig Pfeffer und etwas Essig aus dem Gurkenglas abschmecken. Durchziehen lassen.

DER TRICK Nur ganz kurz pürieren, weil sonst die Kartoffeln eine leimige Konsistenz entwickeln können. Wenn Sie ganz sicher gehen wollen, nehmen Sie einige Kartoffeln heraus und zerdrücken sie stattdessen fein mit einer Gabel oder Kartoffelpresse.

EXTRA PROTEIN

Gekochtes Rindfleisch passt hervorragend, aber auch gebratenes Rind- oder Schweinefleisch und Würsten in jeder Form.

EXTRA HERBS

Kräuter nach Geschmack wie Dill, Liebstöckel, Basilikum, Thymian.

EXTRA ELEGANT

Kartoffeln in kleine Würfel schneiden und die winzigen, schärferen Cornichons verwenden. Dazu passen kurz geröstete Calamaretti.

KÜRBIS-LIMETTEN-SUPPE

4 Personen | 5 Minuten | 15 Minuten | 5 Minuten

Die meisten Kürbissuppen kommen zimtig, sahnelastig, eher dicklich, schwer und süß daher. Ich finde, dem Kürbis steht etwas Pfiffiges und Säuerliches viel besser – wie hier Limette und Kokosmilch.

600 g Butternut **KÜRBIS**
1 Dose **KOKOSMILCH** (ca. 450 ml)
2 Bio-Limetten
Salz
1,5 EL Ahornsirup
Pfeffer

1) Kürbis schälen, entkernen und in grobe Stücke schneiden (wenn es früh im Herbst ist und der Kürbis jung, kann er samt Schale verwendet werden. Zur Probe mit dem Daumennagel hineindrücken. Gelingt das leicht, ist die Schale essbar). Mit der Kokosmilch in einem Kochtopf aufkochen, bei mittlerer Hitze köcheln, bis der Kürbis weich ist.

2) Schale der Limetten fein abreiben (am besten mit einer Microplane) und beiseitestellen.

3) Saft von 1 Limette, 1 TL Salz, Ahornsirup und Pfeffer zum Kürbis geben und mit dem Mixstab oder im Standmixer fein pürieren. Mit ca. 200 ml Wasser auf eine zarte Creme verdünnen und wieder aufkochen.

4) Limettenschale dazugeben, verrühren und ggf. mit etwas Salz, Limettensaft und Sirup abschmecken. Ein paar Minuten durchziehen lassen.

VARIANTE ⅔ des Kürbis ganz lassen und weniger Flüssigkeit zugeben. So entsteht eine Art Curry, zu dem man gut eine Schale Basmati servieren kann.

EXTRA PROTEIN
Gebratene Bio-Garnelen (am besten auf einem kleinen Holzspieß).

EXTRA CRUNCH
Geröstete grob zerkleinerte Cashews.

EXTRA SPICY
Etwas Chili.

PAPRIKASUPPE MIT VANILLE

4 Personen | 5 Minuten | 15 Minuten | 3 Minuten

Die Kombination von Paprika und Vanille ist unerwartet und sehr elegant. Heiß ist die Suppe an kühleren Sommerabenden am richtigen Platz, kalt auf Eiswürfeln erfrischt sie an heißen Tagen.

450 g rote **PAPRIKA**schoten

1 große **VANILLE**schote

oder ⅛ TL Bourbonvanillepulver

Salz

3 EL mildes Olivenöl

1) Paprikaschoten putzen, in kleine Stücke schneiden und in einen Kochtopf geben. Vanilleschote längs halbieren, Mark herausschaben und mit der Schote zu den Paprika geben. Mit 750 ml Wasser knapp bedecken, 1,5 TL Salz zufügen. Auf Mittelhitze köcheln bis die Paprikaschoten vollkommen weich sind (ca. 15 Minuten).

2) Etwas abkühlen lassen. Vanilleschote entfernen. Paprika mit Olivenöl im Standmixer ganz fein pürieren. Vor dem Servieren nochmals mit Salz abschmecken.

TIPP Durch langes Kochen und feines Mixen wird die Verträglichkeit der Haut von Paprikaschoten deutlich verbessert. Manche empfindliche Menschen vertragen sie dennoch nicht gut. Für sie muss man die Paprika vor dem Kochen schälen (s. S. 140) oder geschälte Paprika aus dem Glas verwenden.

VARIANTEN Mit gelben Paprika wird die Suppe noch etwas milder. Statt mit Vanille kann man die Suppe auch mit Obst zubereiten: 150 g rohe Erdbeeren, Aprikosen oder Pfirsiche (Nettogewicht) mitmixen.

EXTRA PROTEIN

Weißer Fisch, Garnelen, Calamari oder Oktopus, Jakobsmuscheln, mit etwas Vanille verrührter Joghurt.

EXTRA CARBS

Gebratene Polentawürfel, helles Sauerteigbrot.

PILZSUPPE MIT FENCHELKÖRNERN

4 Personen | 5 Minuten | 20 Minuten | 5 Minuten

Pilze und Fenchelkörner müssen wohl eine alchemistische Verbindung eingehen, denn es entsteht ein neuer Geschmack, der sehr aromatisch ist, aber nicht nach Fenchel schmeckt.

400 g **PILZE** (oder Pilzabschnitte, z.B. härtere Pilzfüße)

10 **FENCHEL**körner

1 TL Salz

Pfeffer

Oliven- oder Kernöl zum Anrichten

1) Pilze putzen und einige besonders schöne Exemplare für das Finish zur Seite legen.

2) Restliche Pilze in grobe Stücke schneiden und mit Fenchel, Salz und Pfeffer in 1 l Wasser zum Kochen bringen. Ca. 15–20 Minuten garen, bis alle Pilzteile vollkommen weich gekocht sind.

3) Im Standmixer fein pürieren und mit reichlich Pfeffer abschmecken.

4) Die rohen Pilze blättrig schneiden, auf der Suppe anrichten und mit Oliven- oder Kernöl beträufeln.

DER TRICK Helle Pilze geben eine schönere Farbe als z.B. braune Champignons.

VARIANTE Statt Fenchelkörnern Korianderkörner nehmen.

EXTRA CARBS Getoastetes Schwarzbrot.

EXTRA HERBS Petersilie, Koriander.

EXTRA ELEGANT Crème fraîche.

ROTKOHL MIT BALSAMICOZABAGLIONE

4 Personen   10 Minuten   15 Minuten

Zabaglione wird viel zu selten gegessen. Man kennt sie nur als Süßspeise – schade, denn sie ist ein äußerst flexibles, cremiges Wunderwerk. Womöglich liegt es daran, dass manche unnötigen Respekt vor der Zubereitung haben.

1 **ROTKOHL** (ca. 800 g)
1 Bio-Zitrone
4 EL Condimento bianco
½ TL Salz

6 **EIGELB**
2 TL Zucker
30 g kalte Butter in kleinen Stückchen

1) Rotkohl längs halbieren und in Spalten schneiden. Zitronenschale fein abreiben, Zitrone auspressen. Schnittflächen des Kohls mit etwas Zitronensaft bestreichen, sonst verfärbt sich der Kohl beim Kochen leicht blau. In einen Dämpfeinsatz geben und ca. 15 Minuten ganz weich dämpfen oder in der Pfanne mit etwas Wasser bei geschlossenem Deckel dünsten. Nochmals mit etwas Zitronensaft bepinseln, um die Farbe aufzufrischen.

2) Währenddessen in einem mittelgroßen Topf ca. 5 cm hoch Wasser für ein Wasserbad zum Kochen bringen.

3) In einer auf den Kochtopf passenden Rührschüssel Condimento bianco, Salz, Eigelb, Zitronenschale und Zucker verrühren. Schüssel auf den Topf setzen. Hitze reduzieren. Mit einem Handmixer oder Schneebesen die Eimasse aufschlagen, bis sie hellgelb und cremig wird. Das Wasser sollte nur leicht kochen und die Rührschüssel muss immer wieder etwas angehoben werden, damit das Ei nicht zu heiß wird und stockt.

4) Eiskalte Butterstückchen nach und nach unterschlagen, von der Hitze nehmen, Zabaglione abschmecken und sofort mit den Rotkohlspalten heiß servieren.

EXTRA ELEGANT

Aus den mit 30 g Zucker steifgeschlagenen Eiweiß, 200 g geriebenen Nüssen nach Wahl und etwas Salz Plätzchen als Beilage backen (140 °C, 20 Minuten).

EXTRA CARBS

Weißbrot, Serviettenknödel, Kartoffeln.

EXTRA PROTEIN

Wild, Gans, warmes Pastrami, schwarze Linsen.

EINE ART TOMATENCURRY

4 Personen 7 Minuten 10 Minuten

Die Gewürzmischung Panch Phoron erinnert an Curry, steuert aber zusätzlich noch andere Aromen bei. Dank ihr entsteht aus einer Dose Tomaten in weniger als 15 Minuten ein tolles, würziges und vielseitiges Gericht.

4 TL **PANCH PHORON**
4 EL Butter
2 Dosen geschälte **TOMATEN** à ca. 450 g
2 EL Sojasauce
2 TL Ahornsirup
Salz
Pfeffer

1) Panch Phoron in einer Pfanne trocken rösten, bis es zu duften beginnt, dann etwas abkühlen lassen und möglichst fein zerkleinern (mit Küchenmaschine, Blitzhacker, Gewürzmühle, Mörser oder in einem Plastikbeutel mittels eines Glases).

2) Butter in einem mittelgroßen Topf köcheln, bis sie beginnt braun zu werden, rasch die Gewürzmischung und den Saft aus den Tomatendosen zugeben, 5 Minuten einkochen lassen.

3) Tomaten in grobe Stücke schneiden, mit Sojasauce und Sirup in die Sauce mischen und einige Minuten auf kleiner Hitze ziehen lassen. Mit Salz, Pfeffer und evtl. Sirup abschmecken.

VARIANTEN Als Suppe, als Eintopf mit anderen Gemüsen (Zucchini, Blumenkohl, Pilze, Karotten).

EXTRA PROTEIN
Huhn, Fisch, Kichererbsen, Bohnen, Linsen, harte Eier.

EXTRA CARBS
Basmati, kurze Pasta, Polenta, Kartoffeln.

EXTRA HERBS
Koriander, Basilikum, Petersilie, Liebstöckel.

EXTRA ELEGANT
Kokosmilch dazugeben.

GESCHMORTER SAFRANFENCHEL

4 Personen | 10 Minuten | 30 Minuten

Safran verwandelt Fenchel. In meinem Dinnerclub hatte ich viele Gäste, die mir sagten, dass sie Fenchel eigentlich nicht mögen, aber diesen …

3 Prisen **SAFRAN**fäden (ca. 1 TL)
½ TL Zucker
1,5 kg **FENCHEL**knollen
3 Knoblauchzehen (optional)
60 g Butter
1,5 TL Salz

1) Safran vorsichtig bei milder Hitze in einer kleinen Pfanne (oder im Ofen) anwärmen, um ihn trocken und brüchig zu machen. Safranfäden und Zucker zusammen mörsern oder mit den Fingern fein zerbröseln und in etwas heißem Wasser ziehen lassen.

2) Grüne Fenchelstängel abschneiden (evtl. für einen Fond aufheben), Fenchelgrün aufheben, Strunk nicht wegschneiden. Mit einem Sparschäler die äußerste Schicht vom Fenchel abschälen, Knollen längs halbieren und jede Hälfte der Länge nach in 3 Spalten schneiden. Wenn es ein echtes Sofagericht werden soll, die Spalten zusätzlich quer in mundgerechte Stücke schneiden.

3) Knoblauch (wenn verwendet) anquetschen, mit dem Fenchel und der in Stücke geschnittenen Butter in einen großen Kochtopf schichten, salzen, den eingeweichten Safran samt Einweichwasser dazugeben und mit kochendem Wasser bedecken. Aufkochen und den Fenchel zugedeckt in ca. 30 Minuten weich garen.

TIPP Je kleiner der Fenchel geschnitten wird, desto schneller gart er. Am nächsten Tag schmeckt er noch besser. Am besten gleich eine größere Menge herstellen, er lässt sich im Standmixer zu einer intensiven, cremigen Suppe mixen (Knoblauch vorher entfernen).

EXTRA PROTEIN
Lamm, Fisch (Filets am Schluss auf den Fenchel legen und bei geschlossenem Deckel garziehen lassen), Calamari.

EXTRA CARBS
Mitgekochte Kartoffeln, Reis, mitgegarte kurze Pasta.

EXTRA AROMA
⅓ der Kochflüssigkeit durch trockenen Wermut ersetzen.

TOMATEN

Nicht nur die bekannten roten, sondern auch gelbe, pinke und violette Sorten enthalten eine herausragende Gruppe der Karotinoide: die Lycopene. Dank zahlreicher Studien wissen wir heute, dass diese Stoffe besonders wirksam vor verschiedenen Krebsformen schützen können, insbesondere Prostatakrebs. Mit etwas Fett gekocht werden sie noch besser bioverfügbar. Eine andere Untergruppe nennt sich Luteine, sie sind bekannt für ihre Netzhaut-Schutzfunktion. Biotomaten aus dem Freiland sind die beste Wahl – und Feind Nr. 1 aller Tomaten ist der Kühlschrank.

Eines der Top-Vitamin-C-Nahrungsmittel, als hochwirksamer Entzündungshemmer sollte es bei Arthritis nahezu zum täglichen Brot gehören. Eine hervorragende Rolle nimmt der wunderschöne Kohl in der Osteoporose-Prävention ein, denn er enthält viel Vitamin K, das zu einer hohen Knochendichte beiträgt. Und die Purpurfarbe zeigt es sofort: Hier gibt es jede Menge Antioxidantienpower!

ROTKOHL

Alle Pilze verfügen über ein vielfältiges Spektrum an Strategien, Krebs zu bekämpfen, darunter die Aromatasen, die bei Brustkrebs negative Östrogeneffekte ausgleichen können, oder eine spezielle Fettsäure, die das Wachstum von Krebszellen hemmen kann. Außerdem beinhalten Pilze besonders viel B-Vitamine, Vitamin D, Selen, aber auch reichlich Proteine, was sie ideal für Vegetarier macht. Da sie sehr leicht Giftstoffe aus dem Boden aufnehmen, ist Bioqualität bei Pilzen besonders wichtig!

PILZE

5 Die besonders SOFATAUGLICHEN

SEITE 124–145

BROKKOLI AUF ERBSENHUMMUS

4 Personen | 5 Minuten | 10 Minuten | 10 Minuten

Ich wette, diese Brokkoli mögen sogar Kinder und erwachsene Brokkoliverweigerer. Vor allem, wenn Sie die Variante mit Pasta wählen!

750 g **BROKKOLI**
1 Pr. Natron
Salz
350 g junge **ERBSEN** (tiefgekühlt)
30 g Butter

Marinade:
1 große Bio-Limette
1 EL Condimento bianco
¼ TL Salz
Pfeffer
4–5 EL fruchtiges Olivenöl

1) In einem großen Kochtopf reichlich Wasser zum Kochen bringen. Brokkoli in Röschen teilen, den Stängel schälen und in Stücke schneiden.

2) Natron, 2 TL Salz und die Hälfte des Brokkoli in das Wasser geben, 2 Minuten kochen. Mit einem Sieblöffel herausheben und in einem Sieb abtropfen lassen. Mit dem restlichen Brokkoli gleich verfahren.

3) Erbsen im Brokkoliwasser 1 Minute kochen und abgießen. Die Kochflüssigkeit evtl. für weitere Verwendung aufbewahren.

4) Von den Erbsen 2 kleine Handvoll beiseite stellen. In einem hohen Gefäß mit dem Pürierstab die restlichen Erbsen, Butter und evtl. etwas Kochflüssigkeit zu einem Püree mixen. Ob es feiner oder mehr stückig sein soll, ist Geschmackssache. Mit ¼ TL Salz abschmecken.

5) Für die Marinade Limette fein abreiben und auspressen. Schale mit 1 EL Limettensaft, Condimento bianco, Salz und Pfeffer in einem Schraubglas verschütteln. Olivenöl dazugeben und nochmals kräftig durchschütteln.

6) Direkt vor dem Servieren Brokkoli mit den beiseitegestellten Erbsen und der Vinaigrette mischen und auf dem Erbsenpüree anrichten. Schmeckt heiß, lauwarm oder kalt.

TIPP Lässt sich gut vorbereiten. Das Dressing erst unmittelbar vor dem Servieren über den Brokkoli geben, er verfärbt sich sonst braun.

EXTRA CARBS
Mit kurzer Pasta mischen.

EXTRA PROTEIN
Gewürfelte Mortadella, gebratene Augsburger/Knackwürste, Kalbskotelett, Huhn.

EXTRA CRUNCH
3 EL trocken gerösteter Sesam.

EXTRA SPICY
Etwas Wasabi in die Vinaigrette mixen.

BLUMENKOHL MIT HASELNUSSCREME

4 Personen | 10 Minuten | 25 Minuten | 5 Minuten

Mit Blumenkohl kann man viele spannende Dinge anstellen. Es lässt sich zu Couscous mixen, roh essen, rösten, pürieren, besitzt feine Blätter und nimmt vielerlei Würzungen bereitwillig an. Geröstet geht er eine besonders geniale Verbindung mit Haselnüssen ein.

1 kg **BLUMENKOHL**
Salz
2 EL Olivenöl
80 ml **HASELNUSS**mus
1 TL Ahornsirup
1 Bio-Zitrone
Butter zum Dünsten
Pfeffer

1) Ofen auf 220 °C vorheizen. Blumenkohlblätter entfernen, zarte Blätter aufheben. Strunk herausschneiden. Blumenkohl in Röschen teilen. Ca. 200 g und die Strünke in der Küchenmaschine vorsichtig couscousartig zerkleinern (darf nicht zu Mus werden) und beiseitestellen.

2) Röschen auf ein mit Backpapier belegtes Blech legen, salzen und mit Öl beträufeln. Gut durchmischen, gleichmäßig verteilen.

3) Im oberen Ofendrittel 10 Minuten backen. Wenden, die Blätter mit Öl beträufeln, dazugeben und weitere 10–15 Minuten backen, bis alles weich und leicht gebräunt ist.

4) Währenddessen das Haselnussmus in einem kleinen Topf mit ⅛ TL Salz und Sirup vorsichtig erwärmen und mit ca. 150 ml heißem Wasser zu einer flüssigen Creme verdünnen.

5) Die Schale der Zitrone mit dem Zestenreißer abziehen und hacken.

6) Rohen Blumenkohl in Butter unter Rühren 1–2 Minuten dünsten, mit Salz, Pfeffer und einem Spritzer Zitronensaft mischen. In der Mitte einer Schale anrichten, gerösteten Blumenkohl rundherum, mit Nusscreme beträufeln. Mit Zesten bestreuen, restliche Creme dazu servieren.

TIPP Reicht der Platz nicht für das gesamte Gemüse, zusätzlich ein zweites Blech verwenden. In diesem Fall den Ofen auf 200 °C Umluft einstellen.

EXTRA PROTEIN
Joghurt.

EXTRA CARBS
Fladenbrot.

EXTRA FRESH
Radicchiosalat, Orangensalat, Granatapfelkerne, roher Karottensalat, Chicoréesalat mit Apfel.

EXTRA HERBS
Koriander, Rosmarin.

KOHL MIT INGWER

4 Personen · 20 Minuten · 10 Minuten · 5 Minuten

Die secret weapons für Kohl: kurze Garzeit, säuerliche oder scharfe Zutaten wie Ingwer, Zitrone, Wasabi ... und einen Teil roh lassen – er überrascht mit Frische und einem chlorophyllartigen Aroma.

1 kg Wirsing, Grün- oder Schwarz**KOHL**
1 Pr. Natron
Salz
20 g frischer **INGWER** (ca. 7 cm)
abgeriebene Schale und Saft von ½ Bio-Zitrone
3 TL Condimento bianco
Olivenöl
Zitronenspalten

1) Wasser in einem großen Topf zum Kochen bringen. Von den Kohlblättern die groben Rippen herausschneiden, den unteren holzigen Teil (ca. die Hälfte) der Rippen wegwerfen, Rest beiseitestellen. Ca. 1 Handvoll Blätter ebenfalls beiseitelegen, sie bleiben roh.

2) Natron und 2 TL Salz ins Wasser geben, Kohlblätter portionsweise kochen. Nach 2 Minuten mit einem Sieblöffel herausnehmen, in einem Sieb abtropfen lassen. Nur wenn das Gericht kalt gegessen werden soll oder der blanchierte Kohl zur späteren Verwendung gedacht ist, den Kohl in eiskaltem Wasser kurz abschrecken. Zuletzt die Rippen ca. 6–8 Minuten kochen.

3) Währenddessen die beiseitegelegten Kohlblätter zuerst in feine Streifen schneiden, dann mittelfein hacken. Ingwer dünn schälen und in winzige Würfelchen schneiden oder fein reiben.

4) Zitronenschale und -saft mit Condimento bianco, ¼ TL Salz und 4 EL Öl verrühren, Ingwer und gehackten rohen Kohl hinzufügen.

5) Gekochten Kohl gut ausdrücken, Blätter wieder auseinanderziehen und in mundgerechte Stücke schneiden. Rippen in ganz feine Scheibchen schneiden. Wenn nötig, den Kohl in einer Pfanne mit etwas Olivenöl wieder erhitzen. Mit dem marinierten rohen Kohl mischen und sofort servieren. Olivenöl und Zitronenspalten extra auf den Tisch stellen.

EXTRA PROTEIN

Alle Fleischarten, kurz gebratener Thunfisch, Calamari. Gekochte Bohnen.

EXTRA CARBS

Ein wunderbarer Belag für Crostini. Sehr gut auch mit Pasta gemischt, die man am besten gleich in dem Kohlwasser kocht.

EXTRA SPICY

1–2 TL Wasabipaste oder etwas gehackten Chili in die Marinade rühren.

KOHL MIT HUMMUS UND KNUSPRIGEN KICHERERBSEN

4 Personen · 25 Minuten · 10 Minuten · 10 Minuten

Wählen Sie dieses Gericht, wenn Sie etwas mehr Zeit haben, denn die knusprigen Kichererbsen sind speziell. Sie brauchen etwas Aufmerksamkeit, die es aber allemal wert ist.

1 Glas gekochte **KICHERERBSEN**
ein paar Tropfen Zitronensaft
2–3 EL Olivenöl
1 Msp. Chiliflocken
1 TL Sojasauce
750 g Wirsing, Grün- oder Schwarz**KOHL**
1 Msp. Natron
Salz
250 g Bio-Palmfett
2 EL Maisstärke
Pfeffer
Condimento bianco
Olivenöl

1) Ofen auf 60 °C vorheizen. Kichererbsen abgießen, ca. ⅓ beiseitestellen. Rest mit Zitronensaft, Öl, Chili und Sojasauce pürieren. Bei Bedarf etwas heißes Wasser zugeben, um ein geschmeidiges, cremiges, nicht zu festes Püree herzustellen. Abschmecken und warm stellen.

2) Wasser in einem großen Topf zum Kochen bringen. Von den Kohlblättern die groben Rippen herausschneiden, nur den unteren holzigen Teil der Rippen wegwerfen, den Rest beiseitestellen.

3) Natron und 1 TL Salz in das kochende Wasser geben, die Blätter portionsweise kochen. Nach 2 Minuten mit einem Sieblöffel herausnehmen und in einem Sieb abtropfen lassen. Gründlich ausdrücken, die Blätter wieder auseinanderfalten und in mundgerechte Stücke schneiden und warm stellen. Nur wenn das Gericht kalt gegessen werden soll oder der blanchierte Kohl erst zur späteren Verwendung gedacht ist, den Kohl im eiskalten Wasser kurz abschrecken. Zuletzt die Rippen ca. 6–8 Minuten kochen, abtropfen lassen und in dünne Scheiben schneiden.

4) Palmfett in einem schmalen, hohen Kochtopf erhitzen. Maisstärke auf einem flachen Teller mit Salz und Pfeffer mischen. Beiseitegestellte Kichererbsen darin wenden, in ein Sieb geben, überschüssige Stärke abschütteln. Sobald das Fett die richtige Temperatur erreicht hat (an einem eingetauchten Holzstäbchen steigen Blasen auf), Kichererbsen hineingeben und goldbraun frittieren. Herausheben und auf Küchenpapier abtropfen lassen.

EXTRA CARBS
Fladenbrot.

EXTRA PROTEIN
Lamm, Hackfleisch, Chorizo, Debreziner-Würstchen, Schafkäse.

EXTRA HERBS
Koriander, Thymian, Zitronenthymian, Bohnenkraut, Rosmarin, Oregano.

EXTRA FRESH
Halbierte Cocktailtomaten, gegrillte Tomatenscheiben.

5) Kohlblätter und geschnittene Rippen mit Salz, Condimento bianco und Olivenöl mischen.

6) Hummus auf eine Platte streichen, Kohl darauf anrichten und die gerösteten Kichererbsen darüberstreuen. Mit Olivenöl beträufeln und sofort servieren.

TIPP Kann auch kalt gegessen werden. Nur die frittierten Kichererbsen müssen frisch zubereitet werden, damit sie heiß und knusprig sind.

MAISFRITTATA MIT LIMETTENBUTTER

4 Personen | 10 Minuten | 10 Minuten

Frittata ist ein echter Allrounder, man kann sie mit beinahe allen Gemüsen zubereiten. In diese hier habe ich neben Maiskörnern noch zusätzlich pürierten Mais eingebaut. Das Extra ist die Limettenbutter, sie verleiht einen Hauch von Karibik.

250 g Tiefkühl-**MAIS**
Salz
5 EL Butter
6 **EIER**
3 EL Maisstärke
Pfeffer
1 Bio-Limette

1) Ofen auf 180 °C vorheizen. Mais in etwas Salzwasser einmal aufkochen und abgießen. ⅔ der Maiskörner mit 1 EL Butter, Eiern und Maisstärke pürieren, salzen und pfeffern. Restliche Maiskörner unterheben.

2) Eine weite, beschichtete Pfanne heiß werden lassen, 1 EL Butter aufschäumen lassen und die Masse hineingießen. Platte abschalten, aber die Pfanne für 2 Minuten darauf stehen lassen. Griff der Pfanne mit Alufolie umwickeln und die Pfanne in den vorgeheizten Ofen stellen, bis die Oberfläche der Eimasse gestockt ist. Wer will, wendet die Frittata mit Hilfe eines geölten Tellers, lässt sie in die Pfanne zurückgleiten und bäckt weitere 3–4 Minuten, um auch die zweite Seite zu bräunen (dazu gibt es online gute Videos).

3) Währenddessen die Limettenschale fein abreiben und mit 3 EL weicher Butter und Salz verrühren. Bis zum Servieren kühl stellen.

4) Wenn die Frittata nicht braun genug ist, Grillfunktion zuschalten und die Oberfläche kurz bräunen. Frittata in Stücke teilen und mit der Limettenbutter servieren.

EXTRA PROTEIN
Geröstete Speckscheiben, gekochter Beinschinken.

EXTRA CARBS
Helles Brot, Brioche.

EXTRA FRESH
Radieschen, Blattsalat.

EXTRA SPICY
Chili.

BUNTER MANGOLD AUF RISOTTO VON SONNENBLUMENKERNEN

4 Personen 5 Minuten 30 Minuten 5 Minuten

Risotto ohne Reis? Und ohne Parmesan? Geht und schmeckt auch noch gut. Sonnenblumenkerne mit ihrem sanft nussigen Aroma schaffen eine wunderbare Unterlage für das grüne Gemüse mit der erdigen Note.

450 g **SONNENBLUMENKERNE**
plus 5 EL zum Rösten
600 g **MANGOLD**
1 EL Zucker plus Zucker zum Abschmecken
60 g Butter
Salz
Pfeffer
Condimento bianco

1) Sonnenblumenkerne in einem Sieb unter fließendem Wasser waschen, in einem Kochtopf mit Wasser bedecken und ca. 30 Minuten sanft kochen. Immer wieder umrühren und bei Bedarf etwas Wasser dazugießen.

2) Mangoldstiele in 1 cm breite Stücke, Blätter in ca. 2 x 2 cm große Stücke schneiden.

3) Zucker in eine weite Pfanne geben und durch Rütteln verteilen, sodass eine gleichmäßige Schicht entsteht. Bei mittlerer Hitze und unter ständiger Beobachtung ohne Rühren schmelzen lassen. Sobald der Zucker hellbraun wird (karamellisiert), die Stiele, 15 g Butter und 100 ml Wasser zugeben. Erst jetzt umrühren und 5 Minuten köcheln.

4) Blätter in die Pfanne dazugeben, salzen, pfeffern und 150 ml Wasser zugießen. Nach weiteren 5 Minuten probieren, ob Blätter und Stiele weich sind, evtl. noch einige Minuten weiterkochen. Mit Salz, wenig Condimento bianco und Zucker abschmecken.

5) Sobald die Sonnenblumenkerne weich sind, Butter und Salz dazugeben und mit dem Mixstab an einer Stelle ca. ¼ der Masse pürieren, sodass eine cremige Bindung entsteht.

6) 5 EL Sonnenblumenkerne in einer trockenen Pfanne goldbraun rösten, 1 TL Butter unterrühren und salzen. Mangold auf dem Risotto anrichten und mit den gerösteten Sonnenblumenkernen bestreuen.

VARIANTEN Statt Mangold passen auch der ofengeröstete Fenchel von S. 52 oder in Butter weich gebratene Äpfel, die süßlich sind, aber das Gericht nicht in eine Süßspeise verwandeln.

SPARGEL AUS DEM OFEN MIT EI UND BRAUNER BUTTER

4 Personen | 10 Minuten | 20 Minuten | 5 Minuten

Ich mag Spargel am liebsten in Stücke geschnitten und in der Pfanne gedünstet oder auf dem Blech gebraten. So gart er schnell und gleichmäßig ohne Aroma zu verlieren und die kurzen Stücke verbinden sich perfekt mit Butter und Ei.

1,5 kg weißer **SPARGEL**
½ TL Salz
70 g Butter
6 **EIER**

1) Ofen auf 200 °C vorheizen. Spargel gründlich schälen, holzige Enden entfernen. Spargel schräg in 3–4 cm lange Stücke schneiden.

2) Auf einem mit Backpapier ausgelegten Blech verteilen, mit Salz bestreuen und mit 10 g Butter in kleinen Stückchen belegen. Im Ofen (je nach Dicke der Stangen) 20–25 Minuten backen. In der Hälfte der Zeit einmal durchmischen.

3) Währenddessen die Eier in 6–7 Minuten knapp hart kochen und sofort für einige Minuten in kaltes Wasser legen. Schälen und mit einer Gabel fein zerdrücken.

4) Restliche Butter in einem kleinen Pfännchen bräunen.

5) Spargel auf einer Platte oder auf vorgewärmten Tellern anrichten, mit Ei bestreuen und mit brauner Butter übergießen.

DER TRICK Nicht an gebräunter Butter und Eiern sparen.

EXTRA PROTEIN
Gekochter Schinken am Knochen.

EXTRA FRESH
Halbierte Salatherzen mit einem Dressing aus Condimento bianco und mildem Olivenöl.

EXTRA CARBS
Gekochte dünnschalige kleine Kartoffeln, Weißbrot zum Tunken

SPARGELCROSTINI

4 Personen als Snack | 5 Minuten | 15 Minuten | 10 Minuten

Eine elegante Vorspeise, aber auch schön für ein gemütliches kleines Abendessen auf dem Sofa.

500 g grüner **SPARGEL**
1 TL Zucker
Salz
20 g Butter
25 g **PARMESAN**
oder alter Ziegengouda
1 Baguette oder 1 Ciabatta

1) Ofen auf 200 °C vorheizen. Vom Spargel holzige Enden entfernen, Spargel in 1 cm lange Stücke schneiden. Einige Spitzen längs halbieren und zur Seite stellen.

2) Klein geschnittenen Spargel auf ein mit Backpapier ausgelegtes Backblech geben. Mit Zucker und ¼ TL Salz bestreuen und mit der Hälfte der Butter in kleinen Stückchen belegen. Im Ofen ca. 15–20 Minuten backen bis der Spargel ganz weich ist. Herausnehmen und abkühlen lassen. Eventuell vorhandene Flüssigkeit abgießen.

3) Käse reiben. Mit dem lauwarmen Spargel und der restlichen Butter pürieren oder alles mischen und mit dem Messer hacken. Mit Salz abschmecken.

4) Vor dem Servieren Brotscheiben auf ein Blech legen und im Ofen zart braun rösten. Ggf. das Spargelpüree etwas erwärmen. Scheiben großzügig mit Püree bestreichen, mit den beiseitegestellten Spitzen belegen und sofort servieren!

TIPP Lässt sich im Handumdrehen mit gekochtem Reis zu einer Art Risotto verwandeln oder mit Pasta zu einem feinen Frühlingsgericht.

VARIANTE Püree in eine Schüssel füllen und mit knusprigem Weißbrot servieren.

EXTRA TWIST
1 Handvoll junge grüne kleine Tiefkühl-Erbsen auftauen, mit ein paar Tropfen Olivenöl und etwas fein geriebenen Zitronenzesten mischen und auf den Crostini verteilen.

EXTRA PROTEIN
Gekochter Beinschinken.

EXTRA FRESH
Zarter grüner Salat.

SCHWARZE PAELLA MIT ROTEM PAPRIKA

4 Personen Reis am Morgen einweichen 5 Minuten 30 Minuten 15 Minuten

Wenn man weiß, wie es am besten geht, ist das Abziehen der feinen Haut von Paprikaschoten ein Kinderspiel und die Paprika werden nicht nur besser verdaulich, sondern haben auch ein großartiges Röstaroma.

350 g schwarzer **REIS**

600 g rote **PAPRIKA**

¼ TL Salz

4 EL Olivenöl

evtl. 1 Knoblauchzehe

Pfeffer

1) Am Morgen Reis unter fließendem Wasser abspülen und in einem ofenfesten Topf mit der eineinhalbfachen Menge Wasser einweichen.

2) Ofen auf 250 °C vorheizen. Reis aufkochen, zudecken und auf kleiner Flamme ca. 30 Minuten langsam köcheln lassen.

3) Paprika längs halbieren, Stiel und Kerne entfernen, Hälften am unteren Rand zweimal einschneiden, damit sie flach aufliegen können. Grillfunktion zuschalten. Hälften mit der Schnittfläche nach unten auf einem mit Backpapier ausgelegten Backblech verteilen und ohne Fett für 8–10 Minuten auf der zweitobersten Schiene grillen. Blech umdrehen (Vorderseite nach hinten), weitere 5 Minuten backen. Überprüfen, ob die Haut der Paprika großteils schwarze Blasen bildet. Wenn nicht, nochmals einige Minuten unter ständiger Beobachtung weitergrillen.

4) Ofen abschalten. Blech herausnehmen, Paprika in eine Schüssel geben, mit Frischhaltefolie fest verschließen und 15 Minuten stehen lassen.

5) Wenn der Ofen nur noch ca. 100 °C hat, Reis zum Nachziehen hineinstellen. Vorher unter den Deckel ein gefaltetes Geschirrtuch legen, um die Restfeuchtigkeit aufzunehmen.

6) Abgekühlte Paprika schälen: mit den Fingern die Haut von der Basis her in möglichst großen Stücken abziehen. Paprika in kleine Streifen schneiden, mit Salz und 2 EL Olivenöl zurück in die Schüssel geben und mischen.

7) In einer großen Pfanne 2 EL Olivenöl erhitzen, Reis und angequetschten Knoblauch hineingeben und bei mittlerer Hitze rösten. Paprika mit dem Saft, der sich gebildet hat, untermischen. Einige Minuten weiterbraten. Mit Salz und Pfeffer kräftig abschmecken. Vom Herd nehmen, zudecken und durchziehen lassen.

DER TRICK Die Paprika müssen so aussehen, dass man denkt, man hätte es verpasst und muss sie wegwerfen. Dann lassen sie sich gut schälen und haben ein fein rauchiges Aroma.

EXTRA AROMA

1 Handvoll geschälte Haselnüsse in der Küchenmaschine grob zermahlen. ½ geschälten Paprika mittelfein hacken. Mit 2 EL Olivenöl, Salz, 1 EL Aceto balsamico und den Nüssen mischen und zur Paella servieren.

EXTRA PROTEIN

Scheiben von scharfer Wurst, z.B. Chorizo oder Debreziner, Schweinefleisch in kleinen Stücken, Huhn, Lamm, Calamari.

EXTRA HERBS

Thymian, Zitronenthymian, wenig (!) feingehackter Rosmarin oder Oregano.

EXTRA FRESH

Salat aus rohen, knackigen Zucchinistücken.

DATTELTOMATEN AUF SOCCA

4 Personen · 10 Minuten · 15 Minuten

Socca stammt aus Nizza, wo sie dünn und knusprig im Ofen gebacken wird. Ich mache daraus weiche Blinis, die nicht nur mit Tomaten toll schmecken, sondern auch als Unterlage für viele andere Gemüsegerichte dienen können.

Socca:

150 g **KICHERERBSEN**mehl

1,5 TL Backpulver

¼ TL Salz

viel Pfeffer

150 ml Wasser

2 EL Olivenöl plus Olivenöl zum Braten

Tomaten:

500 g Dattel**TOMATEN**

Salz

Pfeffer

2 TL Condimento bianco

4 EL Olivenöl

1) Für die Socca Mehl, Backpulver, Salz und Pfeffer mit einem Schneebesen verrühren. Wasser und Olivenöl untermischen. Mindestens 10 Minuten quellen lassen.

2) Tomaten längs vierteln, einige anquetschen, salzen, pfeffern und mit Condimento bianco und Olivenöl vermischen.

3) Ofen auf 70 °C vorheizen. Teig mit Mineralwasser (wenn vorhanden, sonst mit normalem Wasser) auf cremige Konsistenz verdünnen.

4) Eine beschichtete Pfanne heiß werden lassen, etwas Olivenöl hineingeben und mit einem Esslöffel kleine Blinis in die Pfanne setzen. Von beiden Seiten goldbraun backen und im Ofen warm stellen, bis der gesamte Teig aufgebraucht ist. Mit den marinierten Tomaten servieren.

TIPP Auch die Tomaten mit Zimt von S. 164 passen sehr gut zur Socca.

Der Teig hält im Kühlschrank 1–2 Tage.

VARIANTE Einen einzigen großen Pfannkuchen backen. In diesem Fall den Ofen auf 170 °C vorheizen, Pfanne nach den ersten 2–3 Minuten Backzeit auf der Herdplatte für 10 Minuten zum Durchbacken in den Ofen stellen (Griff mit Alufolie umwickeln). Socca auf eine Platte oder ein großes Brett gleiten lassen und in Tortenstücke schneiden.

EXTRA HERBS

Basilikum,
Estragon,
Koriander,
Rosmarin.

EXTRA PROTEIN

Rohschinken,
Hackfleisch-Bällchen,
Frischkäse,
Feta.

PAPRIKASCHOTEN

Bunt, süß und voller Nährstoffe – Paprika sollten in der Saison nie fehlen, aber achten Sie auf Bioqualität! Roh gegessen sind sie fast unschlagbar in ihrem Vitamin-C-Gehalt. Gekocht liefern sie viel Vitamin A, Karotinoide und Radikalfänger – je röter, umso mehr. Sie sind ein wichtiges Element in der Vorbeugung von Infektionen, Augenkrankheiten und Krebs und können sogar die Fettaufnahme regulieren.

Seine intensive Vielfarbigkeit zeigt es schon, wir haben es mit einem Star zu tun. Er besitzt so viele verschiedene Wirkstoffe wie kaum eine andere Pflanze und es gibt kaum etwas, was er nicht kann. Besonders hervorstechend ist die regulierende Wirkung der Syringasäure auf den Blutzucker. Außerdem im Portfolio: Verzögerung des Alterungsprozesses, positive Beeinflussung von Bluthochdruck, Bekämpfen von Entzündungen und Krebs.

MANGOLD

Kohl gehört zur Familie der Kreuzblütler und besitzt hohe Mengen an Glucosinolaten. Diese schwefelhaltigen Stoffe sind Wunderwaffen für die Gesundheit. Sie beugen Krebs vor und hemmen die Metastasierung. Außerdem sind sie berühmt für ihre anti-entzündlichen, anti-viralen und anti-bakteriellen Effekte. Das Gesamtcholesterin wird gesenkt und das »gute« HDL-Cholesterin erhöht. Einmal täglich sollte man ein Mitglied der Kreuzblütlerfamilie zu sich nehmen. Dazu zählen neben allen Kohl- und Krautarten auch Rucola, Brokkoli, Blumenkohl, Kohlrabi, Meerrettich, Steckrüben, Rettich und Kresse.

KOHL

6 Die besonders GESELLIGEN

SEITE 148–169

KNUSPRIGE ARTISCHOCKEN MIT ZITRONENMAYO

4 Personen als Snack | 5 Minuten | 20 Minuten | 15 Minuten

Eine feine Vorspeise in zwei Gängen: Zuerst wird das weiche Fruchtfleisch von den gekochten äußeren Artischockenblättern mit den Zähnen abgezogen, der zweite Gang sind die knusprig frittierten Böden und Stiele.

1 Bio-Zitrone
4 EL **MAYONNAISE**
evtl. Pfeffer
4 kleine bis mittelgroße **ARTISCHOCKEN**
Salz
250 g Bio-Palmfett
Salzflocken

1) Von der Zitrone die Schale fein abreiben, Zitrone auspressen. Schale in einer kleinen Schüssel mit der Mayo verrühren. Evtl. mit Pfeffer und Zitronensaft abschmecken.

2) Nur den Stiel der Artischocken dünn schälen, sofort mit Zitronensaft einreiben. Artischocken in Salzwasser mit etwas Zitronensaft knapp weich kochen (je nach Größe der Artischocken 15–20 Minuten). Zur Probe ein Blatt aus einer der Artischocken ziehen: Geht es leicht, sind sie fertig, geht es schwer, brauchen sie noch 2–3 Minuten.

3) Artischocken aus dem Wasser nehmen und kopfüber in ein Sieb zum Abtropfen legen. Evtl. leicht ausdrücken. Blätter ablösen und zum Dippen mit der Mayo auf den Tisch stellen.

4) Aus den Böden vorsichtig die ganz feinen Blättchen und das Heu (die inneren Härchen) entfernen. Böden mit Stiel längs in sehr dünne Scheiben schneiden, etwas trocknen lassen.

5) Palmfett in einem kleinen, höheren Topf erhitzen. Artischockenscheiben portionsweise goldbraun frittieren, mit einem Schaumlöffel herausnehmen. Auf Küchenpapier entfetten, mit Salzflocken bestreuen und sofort servieren.

TIPP Artischocken vertragen sich nicht mit Wein. Lieber ein Bier trinken.

EXTRA LIGHT

Mayo mit etwas Joghurt verrühren.

GERÖSTETER KOHLRABI MIT KAFFEE-LIMETTEN-SALSA

4 Personen | 10 Minuten | 12–15 Minuten | 3 Minuten

Der Kombination von Kaffee und Limette bin ich in Venezuela in Form von in Zucker und Kaffeepulver getauchten Limettenspalten begegnet, die mit Rum runtergespült werden. Auch ohne Rum und Zucker funktioniert dieses faszinierende Aromenspiel … nur Mut!

2 TL feinst geriebener **KAFFEE**
4 EL mildes Olivenöl
4 **KOHLRABI** à ca. 200 g
Olivenöl
Salz
1 Bio-Limette
1 TL Ahornsirup

1) Ofen auf 250 °C vorheizen. Kaffee und Öl in einem kleinen Pfännchen vorsichtig etwas erwärmen. Ziehen lassen.

2) Kohlrabi schälen, den holzigen Teil und die Blätter abschneiden. Junge Blättchen werden mitverwendet. Kohlrabi in gut ½ cm dicke Scheiben schneiden.

3) Backblech mit Backpapier belegen, 1 EL Olivenöl darauf verteilen. Kohlrabi und Blätter darauflegen, im Öl wenden und salzen.

4) Im oberen Drittel des Ofens ca. 10–12 Minuten backen, bis die Kohlrabi weich und zart gebräunt sind. In der Hälfte der Zeit kontrollieren und ggf. die Blätter herausnehmen.

5) Währenddessen die Limettenschale abreiben, Limette auspressen. Saft, Schale und Ahornsirup mischen. Kaffeeöl unterrühren und mit Salz, Limettensaft und Sirup abschmecken.

6) Etwas Limetten-Kaffeeöl auf jede Kohlrabischeibe träufeln, restliches Öl extra servieren.

TIPP Reicht der Platz nicht für das gesamte Gemüse, zusätzlich ein zweites Blech verwenden. In diesem Fall den Ofen auf 200 °C Umluft einstellen.

VARIANTE Kaffeeöl mit Limette passt auch sehr fein zu Karottentatar.

EXTRA PROTEIN
Kalbsbraten, Kalbskoteletts, Huhn.

EXTRA CARBS
Couscous, Quinoa, Hirse.

EXTRA AROMA
Ganze Kaffeebohnen mit einer Microplane bei Tisch über die Kohlrabi reiben.

GRÜNE BOHNEN MIT GESCHMORTEN RADIESCHEN UND RADIESCHENGRÜN-PESTO

4 Personen 15 Minuten 7 Minuten 5 Minuten

Immer wenn ich ein Wurzelgemüse mitsamt seinen Blättern auf dem Markt entdecke, freue ich mich und überlege, was ich mit diesen Blättern anstellen kann. Meist lässt sich ein Pesto damit machen, der das Gemüse hervorragend ergänzt.

800 g grüne **BOHNEN**
1 Pr. Natron
Salz

1 Bund **RADIESCHEN**
mit Grün
Olivenöl
ein paar Tropfen Zitronensaft
Pfeffer
Condimento bianco

1) Von den Bohnen nur die Stängelenden abschneiden und die Bohnen mit 2 Finger hoch Wasser in einen großen Kochtopf mit Deckel geben, ¼ TL Salz und Natron zugeben. Zugedeckt zum Kochen bringen. In ca. 7 Minuten bissfest dünsten, dabei ein- bis zweimal umrühren. Evtl. verbliebene Flüssigkeit abgießen.

2) Währenddessen das Grün von den Radieschen abschneiden, waschen und trocken schleudern. Grob schneiden und mit 5 EL Olivenöl, ⅛ TL Salz und Zitronensaft mit dem Mixstab zu Pesto pürieren und nochmals abschmecken. Radieschen vierteln.

3) Kurz vor dem Servieren die Radieschen bei mittlerer Hitze in etwas Olivenöl 2–3 Minuten schmoren, herausnehmen und die Bohnen in die Pfanne geben. Kurz durchschwenken, bis sie wieder warm sind, salzen, pfeffern und mit etwas Condimento bianco und Olivenöl leicht marinieren.

4) Radieschen auf den Bohnen anrichten, mit einem Teil des Pestos beträufeln und mit dem restlichen Pesto an der Seite servieren.

TIPP Wenn der Pesto beim Abschmecken leicht bitter wirkt, mit Säure gegensteuern: noch ein paar Tropfen Zitronensaft oder, besser, etwas Condimento balsamico dazugeben.

EXTRA CARBS
Mitgekochte kleine Kartoffelstücke, gebratene Polentascheiben, Couscous.

EXTRA PROTEIN
Schafkäse, gegrillter Halloumi, Räuchertofu.

OFENGERÖSTETE KAROTTEN AUF ZITRONENHUMMUS

4 Personen | 5 Minuten | 20 Minuten | 5 Minuten

Karotten bekommen beim Backen etwas Vielschichtiges, fast Fleischiges, voll Aroma und Süße. Der Kichererbsenpartner ergänzt perfekt mit prickelndem Zitrusaroma.

8 große **KAROTTEN**,
wenn möglich mit Grün
Salz
ein paar Tropfen Zitronensaft
Olivenöl
Pfeffer

Hummus:
1 große Bio-Zitrone
500 g (2 Gläser) gekochte **KICHERERBSEN**
Saft von ½ Zitrone
½ TL Salz
2 TL Ahornsirup
reichlich Pfeffer
4 EL Olivenöl

Pesto:
Grün von 4 Karotten
(alternativ Petersilie oder Rucola)
2 EL Olivenöl
1 TL Condimento bianco
Salz

1) Ofen auf 220 °C vorheizen. Karotten waschen, bürsten, nicht schälen, der Länge nach vierteln.

2) Auf ein mit Backpapier belegtes Blech legen, mit ¼ TL Salz, Zitronensaft und Olivenöl mit den Händen gut durchmischen. Auf dem Blech verteilen und im oberen Drittel des Ofens ca. 15–20 Minuten backen, bis sie ganz weich und gut gebräunt sind. In der Hälfte der Zeit einmal wenden. Herausnehmen und abkühlen lassen.

3) Für den Hummus Zitronenschale mit einem Zestenreißer abziehen und fein hacken. Beiseitestellen. Kichererbsen in ein Sieb schütten und kalt abspülen. In einem hohen Mixgefäß oder in der Küchenmaschine mit allen weiteren Hummus-Zutaten außer den Zesten fein pürieren. Zesten von Hand unterrühren, evtl. etwas Wasser für eine zarte, cremige Konsistenz hinzufügen, Hummus abschmecken.

4) Für den Pesto vom Karottengrün die zarten Enden von den Stielen zupfen und fein hacken. Mit Olivenöl, Condimento bianco und etwas Salz mischen.

5) Vor dem Servieren ¾ der Karotten grob hacken, Rest ganz lassen. Mit Pfeffer und Salz abschmecken, mit etwas Pesto auf dem Hummus anrichten.

TIPP Reicht der Platz nicht für das gesamte Gemüse, zusätzlich ein zweites Blech verwenden. In diesem Fall den Ofen auf 200 °C Umluft einstellen.

EXTRA PROTEIN
Kleine Lammfleisch-Würfel oder in der Pfanne geröstetes Hackfleisch.

EXTRA CRUNCH
2 Handvoll grob gehackte Pistazienkerne.

EXTRA CARBS
Fladenbrot oder knuspriges Sauerteigbaguette.

EXTRA FRESH
Chicoréeblätter oder Zucchinisticks zum Dippen.

JUNGE KARTOFFELN IN DER SCHALE MIT RHABARBERBUTTER

4 Personen | 5 Minuten | 15 Minuten | 1 Minute

Die frische, kalte Butter mit knackigen, säuerlichen Rhabarberstückchen gibt den perfekten Kick zu heißen Kartoffeln.

1 kg kleine dünnschalige **KARTOFFELN** aus neuer Ernte
Salz
100 g **RHABARBER** (1 möglichst dünne rote Stange)
150 g weiche Butter
1 TL Ahornsirup

1) Kartoffeln mit Schale in Wasser mit 1 TL Salz weich kochen.

2) Währenddessen den Rhabarber waschen, die Hälfte auf der Microplane sehr fein reiben, die andere Hälfte in kleine Würfelchen schneiden (ca. ½ cm). Alles mit der Butter mischen, nach und nach Sirup und ¼ TL Salz zufügen, dabei immer wieder probieren. In eine kleine Schüssel füllen oder Butterpäckchen machen und kalt stellen.

3) Kartoffeln abgießen und im heißen Topf lassen. Unter den Deckel ein mehrfach gefaltetes sauberes Geschirrtuch legen, um die Feuchtigkeit aufzunehmen. Im Topf zu Tisch bringen, die kalte Butter extra dazu servieren.

DER TRICK Eiskalte Butter!

EXTRA SIMPLE

Weniger ist in diesem Fall mehr ... einfach pur genießen.

GERÖSTETE PETERSILIENWURZELN MIT BIRNEN

4 Personen · 5 Minuten · 20 Minuten

Ofengemüse ist immer besonders willkommen, wenn man gerne ein wenig freie Zeit hätte, während das Gemüse bäckt – eine Dusche, ein Glas Wein, einfach die Füße hochlegen – nachher ist man ein anderer Mensch und das Essen fertig.

750 g **PETERSILIENWURZELN**

½ TL Salz

2 EL Olivenöl

500 g aromatische **BIRNEN**

Saft von 1 Zitrone

Pfeffer

1) Ofen auf 220 °C vorheizen. Petersilienwurzeln ungeschält je nach Dicke längs vierteln oder sechsteln.

2) Ein Backblech mit Backpapier belegen, das Gemüse daraufgeben und mit Salz und Olivenöl gut durchmischen. So anordnen, dass alle Spitzen von beiden Seiten zur Mitte zeigen. Einen ca. 10 cm breiten Streifen Alufolie über den Mittelteil des Blechs spannen, damit die Spitzen bedeckt sind und nicht verbrennen. Im oberen Drittel des Ofens 10–12 Minuten backen.

3) Währenddessen 1 Birne in kleine Würfelchen schneiden und mit Zitronensaft beträufelt beiseitestellen. Die anderen in Längsspalten schneiden, mit etwas Zitrone beträufeln. Alufolie vom Blech nehmen und die Birnen in der Mitte auf das Blech geben.

4) Hitze auf 250 °C erhöhen und weitere 5–7 Minuten braten, bis die Birnen gerade weich sind und alles schön gebräunt ist. Herausnehmen und pfeffern. Mit den rohen Birnenwürfeln an der Seite servieren.

TIPP Reicht der Platz nicht für das gesamte Gemüse (Birnen einberechnen), zusätzlich ein zweites Blech verwenden. In diesem Fall den Ofen auf 200 °C Umluft einstellen.

Bei Ofengemüsen im Allgemeinen und Wurzelgemüsen im Speziellen stelle ich immer eine kleine Schüssel mit Joghurt auf den Tisch.

EXTRA PROTEIN

Pastrami, Ente, Schwein, Bratwürste, Blutwurst, Kalbsleber, kurz übergrillter oder nur angewärmter Brie, Schaf- oder Ziegenfrischkäse, Feta, Seidentofu.

EXTRA CRUNCH

Pinienkerne.

EXTRA CARBS

Helles Sauerteigbrot, Polenta.

PILZ-KARTOFFEL-AUFLAUF

6–7 Personen | 20 Minuten | 20 Minuten | 20 Minuten

Weil auch für größere Runden geeignet, ist dieses Gericht für eine große Pfanne berechnet. Reste schmecken am nächsten Tag noch besser. Alle Arten von Pilzen können verwendet werden.

600 g **PILZE**
1 kg große mehlige **KARTOFFELN**
Salz
Pfeffer
100 g Butter
2 EL Olivenöl

1) Pilze putzen, bei Austernpilzen harte Stielenden abschneiden.

2) Kartoffeln schälen, in grobe Stücke schneiden und in kaltem Wasser (ggf. zusammen mit den härteren Pilzstielen) zum Kochen bringen. Nach ca. 20 Minuten prüfen, ob die Kartoffeln weich sind. Abgießen, Pilzstiele aussortieren. Kartoffeln mit einem Kartoffelstampfer oder einer Gabel zerdrücken, salzen, pfeffern und die Butter in kleinen Stücken untermischen. Mitgekochte Pilzstiele fein hacken.

3) Ofen auf 220 °C vorheizen. Pilze klein hacken, eine Pfanne heiß werden lassen, die Hälfte der Pilze und 1 EL Olivenöl hineingeben. Bei größter Hitze unter Rühren rösten, bis die Pilze fast gar sind. Mit Salz und Pfeffer kräftig würzen. Restliche Pilze ebenso braten. Gehackte gekochte Pilzstiele untermischen.

4) Eine Auflaufform mit etwas Olivenöl ausfetten. Pilze hineingeben, mit den gestampften Kartoffeln bedecken. Im vorgeheizten Ofen ca. 20 Minuten backen, bis die Oberfläche schön gebräunt ist.

TIPP Die Kartoffelmasse kann auch für sich allein als Stampfkartoffeln gebacken werden, um andere Gerichte zu ergänzen.

EXTRA PROTEIN
Jede Art gebratenes Fleisch, Würste.

EXTRA HERBS
Petersilie, Rosmarin, Majoran.

EXTRA AROMA
Geriebenen Käse in die Kartoffelmasse mischen.

SELLERIEAUFLAUF UND MARINIERTE MINIGURKEN

4 Personen 20 Minuten 45 Minuten

Sellerie harmoniert warm mit der sanften Butter besonders gut und die Form als Torte ist ein echter Hingucker.

SELLERIE

1,2 kg Knollen**SELLERIE**
60 g Butter
Schale von 1 Bio-Zitrone
Salz
Pfeffer

GURKEN

4 Mini**GURKEN**
1 Bio-Zitrone
Condimento bianco
Olivenöl

1) Ofen auf 180 °C vorheizen. Sellerie schälen und in 4 Teile schneiden. Diese am besten auf einer Mandoline (oder, ungleich schwieriger, mit der Hand) in ca. 2 mm dicke Scheiben hobeln bzw. schneiden.

2) Butter in einem mittelgroßen Kochtopf zerlassen, Selleriescheiben, Zitronenschale, ½ TL Salz und Pfeffer dazugeben und mit den Händen gründlich mischen.

3) Eine nicht zu große runde (ca. 25 cm Durchmesser) oder eckige Auflaufform ausfetten. Ca. ¾ der Selleriescheiben hineingeben und flach drücken. Restliche Scheiben überlappend kreisförmig als oberste Schicht anordnen, nochmals gut festdrücken und für ca. 35–40 Minuten in der Mitte des Ofens goldbraun backen. Wenn nötig, mit Grillfunktion unter Aufsicht ca. 2 Minuten bräunen.

4) Erst kurz vor dem Servieren die Gurken zubereiten (s. S. 27) und sofort mit dem Sellerieauflauf servieren.

DER TRICK Nicht zu viel salzen, Sellerie ist an sich bereits salzig.

VARIANTEN Statt Butter kann man auch Olivenöl verwenden und wenn Sie keine Zeit oder Lust haben, brauchen Sie auch die oberste Schicht nicht ordentlich zu arrangieren.

Statt der Gurken schmeckt auch ein knackiger grüner Salat mit halbierten Weintrauben sehr gut dazu.

EXTRA CRUNCH
Geröstete Walnusskerne.

EXTRA HERBS
Feingeschnittener Liebstöckel, Petersilie.

EXTRA FRESH
Joghurt.

GERÖSTETE DATTELTOMATEN MIT ZIMT

4 Personen als Snack 5 Minuten 3 Minuten 3 Minuten

Zimt und braune Butter geben den aromatischen kleinen Tomaten einen überraschenden Twist, der auf keinen Fall aufdringlich, aber dennoch beim zweiten Mal Hinschmecken klar erkennbar sein soll.

400g Dattel**TOMATEN**
20 g Butter
2 TL Olivenöl
¼ TL Salz
Pfeffer
2–3 Prisen Zucker
1 Msp. gemahlener **ZIMT**

1) Tomaten längs halbieren.

2) Butter in einem kleinen Topf köcheln, bis sie braun wird und zu duften beginnt. Sofort von der Herdplatte ziehen.

3) Eine weite beschichtete Pfanne mit schwerem Boden sehr heiß werden lassen. Tomaten hineingeben und bei größter Hitze kurz rösten. Olivenöl dazugeben und möglichst kurz weiterrösten, bis alle Tomaten leicht gebräunt sind, sie sollten dabei keine Flüssigkeit abgeben. Salzen und reichlich pfeffern. Mit Zucker und Zimt bestreuen, nochmals durchschwenken und mit Zimt abschmecken.

4) Tomaten anrichten, Butter wieder erhitzen und über die Tomaten träufeln.

DER TRICK Den Zimt erst nach und nach dazugeben und immer wieder probieren. Er ist zwar der zweite Hauptdarsteller, wird aber schnell zu viel.

TIPP Die heiße gebräunte Butter ist in diesem Rezept unverzichtbar und darf erst unmittelbar vor dem Servieren auf die Tomaten gegeben werden, die ebenfalls heiß oder zumindest lauwarm sein sollten.

EXTRA PROTEIN
Lammkoteletts,
Köfte,
Salsicce.

EXTRA CARBS
Brot ist 1. Wahl,
dann Basmati
oder Polenta.

GEFÜLLTER WEISSKOHL MIT KNUSPRIGEM TOFU

4 Personen | 30 Minuten | 15 Minuten

Röllchen zu machen braucht immer etwas Geduld und Geschick, bringt einem aber auch so manches »Wow« ein. Schneller geht die vereinfachte Version, bei der die Füllung nur auf den Weißkohl gegeben wird (siehe Variante).

1,2 kg Weiß- oder Spitz**KOHL**

600 g geräucherter Bio-**TOFU**

3 EL Kürbiskernöl plus Kürbiskernöl zum Servieren

Pfeffer

Salz

Olivenöl

1) In einem großen Topf ca. 5 l Wasser zum Kochen bringen. Kohlstrunk keilförmig herausschneiden. Kohl im Ganzen 3 Minuten kochen.

2) Herausnehmen (Kochwasser aufheben), kalt abspülen. 12 Blätter ablösen, entlang der Rippe halbieren, Rippen entfernen, aber aufbewahren.

3) Ca. 120 g Tofu beiseitelegen, Rest mit einer Gabel fein zerdrücken oder in der Küchenmaschine zerkleinern. Kernöl untermischen, kräftig pfeffern und sehr vorsichtig salzen (Tofu ist leicht salzig). Auf jedes Blatt 1 EL Tofumasse als Rolle auf den unteren Rand setzen, Blatt eine Umdrehung einrollen, Seiten einklappen und weiter zusammenrollen. Bei den kleineren, inneren Blättern evtl. 2 Hälften überlappend für 1 Rolle benützen. Nicht benötigten Tofu beiseitestellen.

4) Einen Topf mit Deckel wählen, der groß genug ist, um alle Rollen in einer Lage aufzunehmen. Olivenöl erhitzen. Rest des Weißkohls und Rippen in kurze Streifen schneiden, leicht anrösten. Mit Kochwasser ca. 2 cm hoch aufgießen, salzen, einige Minuten kochen lassen. Hitze zurückschalten, Rollen mit der Nahtstelle nach unten auf dem Kohl verteilen, zudecken und ca. 15 Minuten leicht köcheln lassen.

5) Restlichen Tofu in Krümel brechen, in einer beschichteten Pfanne einige Minuten knusprig rösten. Etwas Öl zugeben, nochmals wenden.

6) Rollen mit Tofu, restlicher Füllung und extra Kernöl servieren.

VARIANTE Für eine einfache, ebenso gut schmeckende Version schneiden Sie den gesamte Weißkohl klein (oder lassen diese Arbeit die Küchenmaschine machen), dünsten ihn in einer großen Pfanne an und geben die Tofumasse obenauf. Deckel drauf und schmoren lassen. Den knusprigen Tofu rösten Sie bequem in der Zwischenzeit.

EXTRA CARBS

Im Kohl mitgekochte Kartoffelstücke, mit dem Kohl mitgedünsteter Reis, auf dem Blech gebackene Kartoffelscheiben.

EXTRA HERBS

Majoran, Zitronenthymian, Oregano, Liebstöckel.

Die schöne Artischocke ist nicht nur die Königin der Ballaststoffe, sondern dank Silymarin und Cynarin auch als Heilpflanze für Leber und Darm bekannt. Neueste Studien belegen darüber hinaus ihre Wirkung als Cholesterinsenker und Herzschutz, Entzündungshemmer und Bekämpfer von Krebszellen. Die meisten wertvollen Stoffe sitzen in den Blättern!

ARTISCHOCKE

SELLERIE

Knollensellerie ist gut für Ihr Herz! Sein Reichtum an Vitamin K sorgt dafür, dass das Kalzium aus der Nahrung richtig verteilt wird: hinein in die Knochen und heraus aus den Gefäßen. Auch hohem Blutdruck beugt er durch Kalium vor und last but not least sorgt sein hoher Fasergehalt für ein gutes Funktionieren des Verdauungstrakts und dadurch auch für positive Wirkungen auf den Gesamtstoffwechsel.

Die Großmütter wussten es, nun ist auch wissenschaftlich erwiesen: Die orangen Pflanzenstoffe der Karotinoidfamilie schützen vor Schäden durch freie Radikale und können so altersbedingten Augenkrankheiten wie Linsentrübung und Makuladegeneration vorbeugen. Aber nicht nur das: Antioxidantien bekämpfen auch Entzündungen, Zellschäden und -mutationen und damit die Entstehung von Krebs. Eine Spezialität der Karotte ist, dass sie durch kurzes Kochen noch an gesundheitlicher Effektivität zulegt!

KAROTTEN

KOMBINATIONEN FÜR MEZZE

Die Rezepte in diesem Buch lassen sich sehr gut kombinieren. Zu mehreren in der Mitte des Tisches gruppiert geben sie Mezze für eine ganze Freundespartie. Besonders gern mache ich Themenabende. Hier ein paar Anregungen.

KÜHL UND SOMMERLICH

Aubergine und Wassermelone **94**
Brokkoli und Erbsen **124**
Grüne Bohnen und Frischkäse **55**
Wassermelone und Ingwer **92**
Kohlrabi und Rucola **28**
Rotkohl und Heidelbeeren **86**

WINTERLICH WÄRMEND

Weißkohl und Tofu **166**
Blumenkohl und Pimentón **102**
Kartoffeln und Gewürzgurken **107**
Karotten und Kichererbsen **155**
Sauerkraut und Süßkartoffeln **68**
Kartoffeln und Pilze **161**

FRÜHLINGSHAFT FRISCH

Spargel und Ei **137**
Kartoffeln und Rhabarber **156**
Salatherzen und Kapern **39**
Karotte und Zucchini **104**

ORIENTALISCH

Kohl und Kichererbsen **130**
Tomaten und Zimt **164**
Tomate und Panch Phoron **117**
Mangold und Datteln **65**

MEDITERRAN

Fenchel und Safran **118**
Tomaten und Kichererbsen **142**
Artischocken und Mayonnaise **148**

HEIMATLICH

Sellerie und Gurke **162**
Spinat und Erdnuss **40**
Zwiebeln und Pilze **73**
Mais und Ei **133**
Lauch und Mais **62**
Petersilienwurzel und Birnen **158**

ASIATISCH

Auberginen und Miso **50**
Brokkoli und Wasabi **78**
Kohl und Ingwer **129**
Lauch und Curry **61**
Rote Rüben und Zitronengras **37**

WOW

Kohlrabi und Kaffee **150**
Blumenkohl und Haselnuss **126**
Rote Rüben und Kumquats **84**
Zucchini und Trüffel **45**
Radicchio und Zwetschgen **32**

Besonders schlau

DAS REGISTER

Alphabetisches Rezeptregister (eine alphabetische Liste der Gemüse finden Sie auf S. 6/7).

QUELLEN

ARTISCHOCKE Mileo AM, Di Venere D, Linsalata V, Fraioli R, Miccadei S. 2012. Artichoke polyphenols induce apoptosis and decrease the invasive potential of the human breast cancer cell line MDA-MB231. In: Journal of Cellular Physiology 227(9): 3301–9. September.

AUBERGINE Kimura Y, Araki Y, Takenaka A, Igarashi K. 1999. Protective effects of dietary nasunin on paraquat-induced oxidative stress in rats. In: Bioscience, Biotechnology and Biochemistry 63(5): 799–804. Mai.

AVOCADO Unlu NZ, Bohn T, Clinton SK, Schwartz SJ. 2005. Carotenoid absorption from salad and salsa by humans is enhanced by the addition of avocado or avocado oil. In: The Journal of Nutrition. 135(3): 431–6. März.

BROKKOLI Vasanthi HR, Mukherjee S, Das DK. 2009. Potential health benefits of broccoli – a chemico-biological overview. In: Mini Review in Medicinal Chemistry 9(6): 749–59. Juni. / Liu M, Zhang L, Ser SL, Cumming JR, Ku K-M. 2018. Comparative Phytonutrient Analysis of Broccoli By-Products: The Potentials for Broccoli By-Product. Utilization. In: Molecules 23(4). 900. / Li Y, Zhang T, Korkaya H, Liu S, Lee H-F, Newman B, Yu Y, Clouthier SG, Schwartz SJ, Wicha MS, and Sun D. 2010. Sulforaphane, a Dietary Component of Broccoli/Broccoli Sprouts, Inhibits Breast Cancer Stem Cells. In: Clinical Cancer Research 16(9): 2580–90. Mai.

KAROTTE Yoon KD, Kang SN, Bae JY, Lee HS, Kwak SS, Jang I, Kim IS, Lee CH, Bae JM, Lee SW, Ahn MJ. 2013. Enhanced antioxidant and protective activities on retinal ganglion cells of carotenoids-overexpressing transgenic carrot 14(9): 999–1005. August. / Zaini R, Clench MR, Le Maitre CL. 2011. Bioactive chemicals from carrot (Daucus carota) juice extracts for the treatment of leukemia. In: Journal of Medicinal Food 14/11: 1303–12. November.

KOHL Higdon J. 2005. Indole-3-Carbinol. Micronutrient Information Center: Linus Pauling Institute. Abrufbar über Website: Oregon State University: https://lpi.oregonstate.edu/mic/dietary-factors/phytochemicals/indole-3-carbinol / Kim SY, Yoon S, Kwon SM, Park KS, Lee-Kim YC. 2008. Kale juice improves coronary artery disease risk factors in hypercholesterolemic men. In: Biomedical and Environmental Sciences. 21(2): 91–7. April. / Keck AS, Finley JW. 2004. Cruciferous vegetables: cancer protective mechanisms of glucosinolate hydrolysis products and selenium. In: Integrative Cancer Therapies 3(1): 5–12. März. / Jiang Y, Wu SH, Shu XO, Xiang YB, Ji BT, Milne GL, Cai Q, Zhang X, Gao YT, Zheng W,Yang G. 2014. Cruciferous vegetable intake is inversely correlated with circulating levels of proinflammatory markers in women. In: Journal of the Academy of Nutrituion and Dietetics 114(5): 700–8. Mai. / https://www.ncbi.nlm.nih.gov/pubmed/24630682

KÜRBIS Xia HC, Li F, Li Z, Zhang ZC. 2003. Purification and characterization of Moschatin, a novel type I ribosome-inactivating protein from the mature seeds of pumpkin (Cucurbita moschata), and preparation of its immunotoxin against human melanoma cells. In: Cell Research 13(5): 369–74.

MANGOLD Ninfali P, Angelino D. 1989. Nutritional and functional potential of Beta vulgaris cicla and rubra. In: Fitoterapia 89:188–99. September. / Bolkent S, Yanardağ R, Tabakoğlu-Oğuz A, Ozsoy-Saçan O. 2000. Effects of chard (Beta vulgaris L. var. Cicla) extract on pancreatic B cells in streptozotocin-diabetic rats: a morphological and biochemical study. In: Journal of Ethnopharmacology73(1–2): 251–9. November.

PAPRIKA Seddon JM, Ajani UA, Sperduto RD, Hiller R, Blair N, Burton TC, Farber MD, Gragoudas ES, Haller J, Miller DT et al. 1994. Dietary carotenoids, vitamins A, C, and E, and advanced age-related macular degeneration. Eye Disease Case-Control Study Group. In: JAMA 272(18): 1413–20. / Kahlon TS, Chiu MC, Chapman MH. 2008. Steam cooking significantly improves in vitro bile acid binding of collard greens, kale, mustard greens, broccoli, green bell pepper, and cabbage. In: Nutrition Research 28(6): 351–7. Juni.

PILZE Grube BJ, Eng ET, Kao YC, Kwon A, Chen S. 2001. White button mushroom phytochemicals inhibit aromatase activity and breast cancer cell proliferation. In: Journal of Nutrition 131(12): 3288–93. Dezember. / Adams LS, Phung S, Wu X, Ki L,Chen S. 2008. White button mushroom (Agaricus bisporus) exhibits antiproliferative and proapoptotic properties and inhibits prostate tumor growth in athymic mice. In: Nutrition and Cancer 60(6): 744–56.

RADICCHIO Hughes R., Rowland IR. 2001. Stimulation of apoptosis by two prebiotic chicory fructans in the rat colon. In: Carcinogenesis 22(1):43–7. Januar.

ROTE RÜBEN Eggebeen J, Kim-Shapiro DB, Haykowsky M, Morgan TM, Basu S, Brubaker P, Rejeski J, Kitzman DW. 2016. One Week of Daily Dosing With Beetroot Juice Improves Submaximal Endurance and Blood Pressure in Older Patients With Heart Failure and Preserved Ejection Fraction. In: JACC. Heart Failure 4(6): 428–37. Juni. / Gandía-Herrero F, Escribano J, García-Carmona F. 2016. Biological Activities of Plant Pigments Betalains. In: Critical Reviews in Food Science and Nutrition 56(6): 937–45. / Asgary S, Afsani MR, Sahebkar A, Keshvari M, Taheri M, Jahanian E, Rafieian-Kopaei M,, Malekian F,, Sarrafzadegan N. 2016. Improvement of hypertension, endothelial function and systemic inflammation following short-term supplementation with red beet (Beta vulgaris L.) juice: a randomized crossover pilot study. In: Journal of Human Hypertension 30(10): 627–32. Oktober. / Presley TD, Morgan AR, Bechtold E, Clodfelter W, Dove RW, Jennings JM, Kraft RA, King SB, Laurienti PJ, Rejeski WJ, Burdette JH, Kim-Shapiro DB, Miller GD. 2011. Acute effect of a high nitrate diet on brain perfusion in older adults. In: Nitric Oxide: Biology and Chemistry 24(1): 34–42. Januar.

SAUERKRAUT Selhub EM, Logan AC, AC. 2014. Fermented foods, microbiota, and mental health: ancient practice meets nutritional psychiatry. In: Journal of Physiological Anthropology33(1): 2. / Raak C, Ostermann T, Boehm K, Molsberger F. 2014. Regular consumption of sauerkraut and its effect on human health: a bibliometric analysis. In: Global Advances in Health and Medicine. N3(6):12–8. November.

SELLERIE DiNicolantonio JJ, Bhutani J, O'Keefe JH. 2015. The health benefits of vitamin K. In: Open Heart 2(1): e000300.

SPINAT Jovanovski E, Bosco L, Khan K, Au-Yeung F, Ho H, Zurbau A, Jenkins AL, Vuksan V. 2015. Effect of Spinach, a High Dietary Nitrate Source, on Arterial Stiffness and Related Hemodynamic Measures: A Randomized, Controlled Trial in Healthy Adults. In: Clinical Nutrition Research. 4(3): 160–167. Juli. / McQuistan TJ, Simonich MT, Pratt MM, Pereira CB, Hendricks JD, Dashwood RH, Williams DE, Bailey GS. 2012. Cancer chemoprevention by dietary chlorophylls: A 12,000-animal dose-dose matrix biomarker and tumor study. Food and Chemical Toxicology 50(2): 341–352. Februar. / Maeda N, Matsubara K, Yoshida H, Mizushina Y. 2011. Anti-cancer effect of spinach glycoglycerolipids as angiogenesis inhibitors based on the selective inhibition of DNA polymerase activity. Mini-Reviews in Medicinal Chemistry 11(1): 32-8. Januar.

TOMATEN Ellinger S, Ellinger J, Stehle P. 2006. Tomatoes, tomato products and lycopene in the prevention and treatment of prostate cancer: do we have the evidence from intervention studies? In: Current Opinion in Clinical Nutrition & Metabolic Care 9(6): 722–7. November. / Etminan M, Takkouche B, Caamaño-Isorna F. 2004. The role of tomato products and lycopene in the prevention of prostate cancer: a meta-analysis of observational studies. In: Cancer Epidemiology Biomarkers & Prevention. 13(3): 340–5. / Giovannucci E. 2002. A review of epidemiologic studies of tomatoes, lycopene, and prostate cancer. In: Experimental Biology and Medicine 227(10): 852–9. November.

ZWIEBEL Galeone C, Pelucchi C, Levi F, Negri E, Franceschi S, Talamini R, Giacosa A, La Vecchia C. / 2006. Onion and garlic use and human cancer. In: The American Journal of Clinical Nutrition 84(5): 1027–32. November.

BESONDERER DANK

GILT

MEINEM MANN RAPHAEL

… für einfach alles, im Speziellen aber für Deine bedingungslose Unterstützung für mich und meine Projekte, für Deine Hilfe bei den Recherchen über die „Gemüse-Wissenschaften“ und dafür, dass Du mein Essen für das beste der Welt hältst.

MEINEN FREUNDINNEN GERTI, KARMEN UND MONIKA, KURZ DIE „TASTELADIES“

… für Eure Freundschaft, fürs immer zur Stelle Sein, wenn feine Gaumen gebraucht werden, für gemeinsamen Spaß am Probieren, Analysieren und Kreieren.

GUNDA UND BERNADETTE

… für geteilte Freude an Schönheit, stimmungsvollem in Szene Setzen und an der Einfachheit.

ELSE

… für Deine Fähigkeit, immer die besten Worte aus dem Ärmel zu schütteln, das Wichtige vom Unwichtigen zu unterscheiden und zuverlässig einen gemeinsamen Weg zu finden.

STEFANIE

… für Deine große Kompetenz, Deine sanfte Freundlichkeit und Deine unerschütterliche Zuversicht und Ruhe, wenn es für mich schon ziemlich crowded ausschaut. Und letztendlich auch für Dein Vertrauen in mich.

Team

Margot Van Assche AUTORIN

Dr. Margot Van Assche ist Köchin aus Leidenschaft und liebt Herausforderungen: mit Geschmack und Aromen zu experimentieren, neue Gerichte mit nur wenigen Zutaten zu kreieren und sie in Szene zu setzen. Die Expertin für gesunde Ernährung studierte Medizin und war viele Jahre in ihrer naturheilkundlichen Praxis tätig.

Gunda Dittrich FOTOGRAFIN

Entdeckte in Paris ihr Faible für das Still-Leben, bei welchem sie Fotografie, Licht und Set-Design feinfühlig kombiniert. Zahlreiche Publikationen in Magazinen und Werbung. Lebt und arbeitet in Wien.

Bernadette Wörndl FOODSTYLING

Hat an der Wiener Kunstschule Food Art entdeckt, bei Babette's Spice and Books for Cooks innovative kulinarische Genüsse komponiert und in San Francisco bei Chez Panisse gearbeitet. Lebt als Foodstylistin und Rezeptautorin in Wien.

Christine Fischer ARTDIRECTION

Studierte Kommunikationsdesign, liebt Brezeln und blättert leidenschaftlich gern in Fashion- und Interior-Magazinen. Lebt in Zürich und gestaltet Projekte im Bereich Essen und Kultur.

Else Rieger LEKTORIN

Geboren in Salzburg, deutsche Wahlwienerin. Schätzt an Kochbüchern die Herausforderung, Wissen und Handlungsanweisungen bestmöglich in Worte und Bilder zu kleiden.

LIEBE LESERIN, LIEBER LESER,

hat Ihnen dieses Buch gefallen?
Wollen Sie weitere Informationen zum Thema?
Möchten Sie mit der Autorin in Kontakt treten?
Wir freuen uns auf Austausch und Anregung!

Brandstätter Verlag
Wickenburggasse 26, 1080 Wien
E-Mail: leserbrief@brandstaetterverlag.com
Tel: 0043-1-5121543-256

WIR SAGEN DANKE. BLEIBEN WIR IN VERBINDUNG.

1. AUFLAGE

/

Designed in Austria,
printed in the EU

ISBN 978-3-7106-0311-2

Bildnachweis Icons: shutterstock

Rezepte & Texte: Margot Van Assche
Fotos: Gunda Dittrich
Foodstyling: Bernadette Wörndl & Margot Van Assche
Grafische Gestaltung: Christine Fischer
Gemüsedrucke: Margot Van Assche
Gemüseillustrationen: Aron Cserveny
Lektorat: Else Rieger
Projektleitung: Brandstätter Verlag Stefanie Neuhart

#onlytwo